प्राण प्रिय छात्रों

प्रोफेसर (डॉ.) राजा राम यादव

Printed by:
Notion Press Media Pvt. Ltd.
No.50, Chettiyar Agaram Main Road, Vanagaram,
Chennai, Tamil Nadu. 600095

ओ३म्

पतंजलि योगपीठ (न्यास)
Patanjali Yogpeeth (Nyas)

दिनांक
Dated : 29-04-2026

शुभकामना सन्देश

प्रोफेसर डा० राजाराम यादव - इलाहाबाद विश्वविद्यालय के ऐतिहासिक भौतिकी विभाग में कार्य करते हुए भारत ही नहीं अल्ट्रासाउण्ड एवं नैनो साइंस में अपने उत्कृष्ट शोध के आधार पर विश्व के प्रतिष्ठित वैज्ञानिक के रूप में ख्याति अर्जित की है। डा० हाजाराम जी ने वीर बहादुर सिंह पूर्वाञ्चल विश्वविद्यालय, जौनपुर (उ०प्र०) के कुलपति कार्यकाल के दौरान विश्वविद्यालय प्रांगढ़ में मेरे प्रत्यक्ष मार्गदर्शन में 1 लाख 50 हजार विद्यार्थियों द्वारा योग प्रदर्शन का कार्यक्रम आयोजित कर **"गोल्डेन बुक आफ वर्ल्ड रिकॉर्ड"** में विश्वविद्यालय का नाम दर्ज कराया है।

प्रोफेसर राजाराम जी का जीवन अपने राष्ट्र के सर्वांगीण विकास हेतु पूर्ण समर्पित रहा है। छात्रों के लिए पूर्ण समर्पित कुलपति के रूप में आपके अपने 3 वर्ष के कार्यकाल के दौरान 5000 विद्यार्थियों का 100 कम्पनियों द्वारा कैम्पस चयन किया जाना पूरे देश में विश्वविद्यालयीय शिक्षा अद्वितीय रिकार्ड है। डा० राजाराम जी असमिया, संस्कृत, अँग्रेजी, हिन्दी के ज्ञाता हैं, परिणामतः असम, नागालैण्ड जैसे कठिन प्रान्तों में भी राष्ट्र की एकात्मता के लिए अथक परिश्रम किया है।

शास्त्रीय संगीत के श्रेष्ठ गायक प्रो० राजाराम यादव जी अपने आध्यात्मिक गुरु स्वामी शान्ति संगीत एकेडेमी की स्थापना का भारतीय कलाओं के विकास में योगदान दे रहे है। महोबा (उ० प्र०) गोपेश्वर धाम में ग्रामीण निर्धन छामों के लिए "सांदीपनी गुरुकुल छात्रावास की स्थापना की है। महोबा जिले के छोटे से ग्राम से निकला यह वैज्ञानिक, कलाकार, राष्ट्र सेवी, कुशल प्रशासक छात्रसमर्पित कुलवति युगोंतक युवा पीढ़ी को प्रेरित करता रहेगा। ध्येयनिष्ठ डा०राजाराम जी को मेरा अनंतशः आशीर्वाद।

(योगऋषि स्वामी रामदेव)
परमाध्यक्ष, पतंजलि योग पीठ, हरिद्वार

सम
Admin Office : Maharishi Dayanand Gram, Delhi-Haridwar National Highway, Near Bahadrabad, Haridwar-249405, Uttarakhand, India
Tel. : 01334-240008, 244107, 248888 Fax : 01334-244805, 240664 E-mail : divyayoga@divyayoga.com Web : www.divyayoga.com

डॉ. दिनेश शर्मा
सांसद, राज्यसभा
भारतीय जनता पार्टी

सत्यमेव जयते

पूर्व उप मुख्यमंत्री, उ.प्र.
पूर्व नेता सदन एवं सदस्य विधान परिषद् उ.प्र.
पूर्व राष्ट्रीय उपाध्यक्ष, भाजपा
पूर्व प्रभारी, गुजरात प्रदेश, भाजपा
पूर्व महापौर, नगर निगम, लखनऊ
पूर्व अध्यक्ष, उ.प्र. महापौर परिषद
सदस्य, शासी निकाय, एम्स, गोरखपुर
सदस्य, वित्त संबंधी स्थायी समिति
सदस्य, अंजुमन (कोर्ट), जामिया मिलिया इस्लामिया विश्वविद्यालय
संयोजक, प्रथम उप समिति, संसदीय राजभाषा समिति, गृह मंत्रालय, भारत सरकार

पत्रांक ....

दिनांक 21/4/26

प्रो0 डॉ0 राजाराम यादव एक प्रेरक शिक्षाविद् कुशल प्रशासक विश्वस्तरीय राष्ट्रनिष्ठ वैज्ञानिक और अध्यात्मनिष्ठ युगद्रष्टा नवोन्मेषी विचारक एवं लोकप्रिय सामयिक वक्ता।

प्रो0 डॉ0 राजाराम यादव का जीवन भारत की शिक्षा, संस्कृति, और राष्ट्रसेवा के त्रिवेणी संगम का जीवंत उदाहरण है। 4 जनवरी 1957 को बुन्देलखण्ड के एक छोटे से गाँव में जन्मे डॉ0 यादव ने अभावों और संघर्षों को शक्ति में बदलते हुए जो उँचाइयाँ प्राप्त की, वो आज के युवाओं के लिए प्रेरणा का स्तम्भ हैं। प्रारम्भिक शिक्षा से लेकर उच्च शिक्षा तक उन्होंने सदैव प्रथम स्थान प्राप्त किया। इलाहाबाद विश्वविद्यालय से एम0एस–सी0 (भौतिकी, स्पेक्ट्रोस्कोपी) तथा पी.एच.डी. की उपाधि प्राप्त करने के उपरान्त उन्होंने ONGC में भूभौतिकी वैज्ञानिक (Geophysicist) के रूप में (असम) कार्य किया। असम के समीपवर्ती नागालैण्ड में राष्ट्रीय स्वयंसेवक संघ की नई शाखा भी खड़ी की। लेकिन राष्ट्र सेवा के पथ को चुनते हुए उन्होंने उस Class-1 प्रतिष्ठित नौकरी को त्यागकर पूर्णकालिक समाज/राष्ट्र कार्य में स्वयं को समर्पित कर दिया। 1988 से 1992 तक वे प्रयाग महानगर में राष्ट्रीय स्वयंसेवक संघ के प्रचारक रहे। इसी दौरान रामजन्म भूमि मुक्ति आन्दोलन में कारसेवक के रूप में 90 किमी0 पैदल यात्रा की। अपने श्रद्धेय गुरू प्रो0 मुरली मनोहर जोशी जी (पूर्व केन्द्रीय मंत्री, भारत सरकार), दादा गुरू विश्वविख्यात वैज्ञानिक प्रो0 मेघनाद साहा (पूर्व लोक सभा सदस्य) का अनुकरण करते हुए भारतीय राजनीति में भी योगदान किया। पूर्व मुख्यमंत्री वीरेन्द्र सखलेचा, प्रो0 नरेन्द्र कुमार सिंह गौंर (पूर्व कैबिनेट मंत्री उ0प्र0 सरकार) के चुनावों का संचालन किया।

दिल्ली आवास : बंगला नं. 6, विवेकानन्द मार्ग (तुगलक लेन), नई दिल्ली, पिन कोड-110011
लखनऊ आवास : 268/10, मास्टर कन्हैया लाल रोड, ऐशबाग, लखनऊ, उत्तर प्रदेश, पिन कोड 226004
दूरभाष : 0522-2740409, 9455003929, ई–मेल : profdineshsharma@gmail.com

डॉ. दिनेश शर्मा
सांसद, राज्यसभा
भारतीय जनता पार्टी

सत्यमेव जयते

पूर्व उप मुख्यमंत्री, उ.प्र.
पूर्व नेता सदन एवं सदस्य विधान परिषद् उ.प्र.
पूर्व राष्ट्रीय उपाध्यक्ष, भाजपा
पूर्व प्रभारी, गुजरात प्रदेश, भाजपा
पूर्व महापौर, नगर निगम, लखनऊ
पूर्व अध्यक्ष, उ.प्र. महापौर परिषद
सदस्य, शासी निकाय, एम्स, गोरखपुर
सदस्य, वित्त संबंधी स्थायी समिति
सदस्य, अंजुमन (कोर्ट), जामिया मिलिया इस्लामिया विश्वविद्यालय
संयोजक, प्रथम उप समिति, संसदीय राजभाषा समिति, गृह मंत्रालय, भारत सरकार

पत्रांक .... दिनांक ....

1996 में डॉ0 यादव इलाहाबाद विश्वविद्यालय के ऐतिहासिक भौतिकी विभाग में प्रोफेसर नियुक्त हुए। शिक्षा, शोध और सांस्कृतिक पुनर्जागरण के प्रति उनका समर्पण अभूतपूर्व रहा हैं। उन्होंने 40 वर्षो से अधिक समय तक शोध कार्य में योगदान दिया। जर्मनी, अमेरिका, चाइना, आदि 16 देशों में अपने शोध व्याख्यान दिये। 150 से अधिक अन्तर्राष्ट्रीय शोध पत्रिकाओं में शोध पत्र प्रकाशित किये। उनके निर्देशन में 20 छात्रों ने पी0एच–डी0 पूरी की। सभी उच्च्य पदों पर कार्यरत हैं।

डॉ0 यादव का कुलपति कार्यकाल (2017–20) वीर बहादुर सिंह पर्वांचल विश्वविद्यालय, जौनपुर उ0प्र0 में ऐतिहासिक रहा। आपने विश्वविद्यालय को उ0प्र0 में अनेक दृष्टियों से आदर्श विश्वविद्यालय बनाया। उनके कार्यकाल में 4000 से अधिक छात्रों का कैम्पस चयन विश्वविद्यालयों के इतिहास में रिकार्ड है। आपके कार्यकाल में विश्वस्तरीय –प्रो0 राजेन्द्र सिंह (रज्जूभइया) भौतिक विज्ञान अध्ययन एवं शोध संस्थान, अशोक सिघंल परम्परागत विज्ञान एवं तकनीकि संस्थान, दत्तोपन्त ठेंगड़ी विधि संस्थान बाला साहब देवरस मूल्यांकन भवन, डॉ0 रामानुजन अनुसंधान भवन, पं0 दीनदयाल उपाध्याय शोध पीठ, आर्य भटट् सभागार, संगम शिक्षक आवास, स्किल डेवलपमेन्ट एण्ड ट्रेनिंग सेन्टर, अन्तर्राष्ट्रीय स्तरीय अनुसंधान प्रयोगशाला आदि की स्थापना की गई। रज्जूभइया संस्थान सहित अनेक संस्थानों का उद्‌घाटन मेरे द्वारा ही किया गया था।

प्रो0 डॉ0 राजाराम यादव–राष्ट्रीय परशुराम परिषद (शोधपीठ) के राष्ट्रीय महामंत्री के रूप में भगवान परशुराम के जीवन से संबंधित अति महत्वपूर्ण वैज्ञानिक तथ्यों को उजागर करने का अद्भुत कार्य किया है जो वर्तमान में भगवान परशुराम एवं वैश्विक आवश्यकता विषय पर आगामी रिसर्च का वैज्ञानिक आधार बनता है।

दिल्ली आवास : बंगला नं. 6, विवेकानन्द मार्ग (तुगलक लेन), नई दिल्ली, पिन कोड-110011
लखनऊ आवास : 268/10, मास्टर कन्हैया लाल रोड, ऐशबाग, लखनऊ, उत्तर प्रदेश, पिन कोड 226004
दूरभाष : 0522-2740409, 9455003929, ई–मेल : profdineshsharma@gmail.com

डॉ. दिनेश शर्मा
सांसद, राज्यसभा
भारतीय जनता पार्टी

सत्यमेव जयते

पूर्व उप मुख्यमंत्री, उ.प्र.
पूर्व नेता सदन एवं सदस्य विधान परिषद् उ.प्र.
पूर्व राष्ट्रीय उपाध्यक्ष, भाजपा
पूर्व प्रभारी, गुजरात प्रदेश, भाजपा
पूर्व महापौर, नगर निगम, लखनऊ
पूर्व अध्यक्ष, उ.प्र. महापौर परिषद
सदस्य, शासी निकाय, एम्स, गोरखपुर
सदस्य, वित्त संबंधी स्थायी समिति
सदस्य, अंजुमन (कोर्ट), जामिया मिलिया इस्लामिया विश्वविद्यालय
संयोजक, प्रथम उप समिति, संसदीय राजभाषा समिति, गृह मंत्रालय, भारत सरकार

पत्रांक .... दिनांक ....

डॉ0 यादव ने प्रतिवर्ष रामकथा एवं भारतीय शास्त्रीय संगीत के सांस्कृतिक आयोजनों द्वारा छात्रों में नैतिकता और भारतीयता का बीजारोपण के साथ छात्रों को निशुल्क शास्त्रीय संगीतज्ञ बनने का अवसर प्रदान किया है। सामाजिक दृष्टिकोण से उन्होंने 50 गांवों को गोद लेकर समग्र विकास की दिशा में कार्य किया है।

डॉ0 यादव न केवल विख्यात वैज्ञानिक, छात्रों में अत्यन्त प्रिय प्रोफेसर और कुशल प्रशासक हैं, बल्कि भावप्रण संगीतज्ञ, रामचरित मानस व गीता व शास्त्रों के ज्ञाता भी है। उन्होंने युवाओं में आत्म विश्वास, राष्ट्रप्रेम, वैश्विक दृष्टि विकट परिस्थितियों में समाधान निकालने की क्षमता आध्यात्कि उर्जा, एवं सेवा भावना का संचार किया है। उन्होने अपने भाषणों और कार्यो से प्रत्येक क्षेत्र में नेतृत्व प्रदाता युवाओं की श्रृखला निमार्ण की है।

उनका जीवन एक तपस्या है, एक प्रेरणा है, और एक मिशन है। प्रो0 डॉ0 राजाराम यादव न केवल एक व्यक्ति है बल्कि एक राष्ट्रीय वैश्विक नवोन्मेषी जीवन धारा है जो आने वाले युगों तक युवाओं को संकल्प, साधना एंव संस्कार की राह पर चलने के लिए प्रेरित करती रहेगीं।

मैं परमेश्वर से उनके स्वास्थ एवं दीर्घायु की कामना करता हूँ।

भवदीय,

(डॉ0 दिनेश शर्मा)

दिल्ली आवास : बंगला नं. 6, विवेकानन्द मार्ग (तुगलक लेन), नई दिल्ली, पिन कोड-110011
लखनऊ आवास : 268/10, मास्टर कन्हैया लाल रोड, ऐशबाग, लखनऊ, उत्तर प्रदेश, पिन कोड 226004
दूरभाष : 0522-2740409, 9455003929, ई–मेल : profdineshsharma@gmail.com

Professor Raja Ram Yadav
— Scientist, Educator, and Visionary Leader

by Professor Nico F. Declercq

Respected Colleagues,

I have known Professor Raja Ram Yadav of the University of Allahabad for many years, and it has always been an honor and pleasure to interact with him both scientifically and personally. Professor Yadav is a remarkable physicist and a truly multifaceted human being — a scientist, educator, administrator, musician, and above all, a man deeply devoted to the progress of his country and its students.

A graduate and later distinguished faculty member of the University of Allahabad, Professor Yadav has made enduring contributions to acoustics, ultrasonic physics, nanoscience, and materials research. His work on ultrasonic propagation in nanostructured materials and nanofluids, including CuO, ZnO, and metal-oxide nanostructures, has been widely cited internationally and remains foundational for applications in non-destructive evaluation, heat transfer, and sensing technologies. Among his most notable papers are pioneering studies on the ultrasonic wave propagation in group III nitrides and on the elastic and thermophysical behavior of nanomaterials, which continue to guide experimental and theoretical researchers alike.

Professor Yadav's scientific career reflects both depth and breadth: from fundamental acoustic theory and ultrasonic attenuation in metals and alloys, to cutting-edge nanomaterials and hybrid nanofluids with applications in thermal management and biomedical sensing. His later work has connected materials science with applied acoustics, bridging disciplines in ways that have inspired a generation of young Indian physicists.

During his distinguished academic career, Professor Yadav has published well over 300 research papers in international journals, covering areas as diverse as nanostructured oxides, ferrites, thermoelectric materials, and ultrasonic diagnostics. His interdisciplinary approach has produced collaborations across physics, chemistry, engineering, and medical imaging, including work on

Georgia Tech-Europe
2 rue Marconi, 57070 Metz, France
&
Georgia Institute of Technology
G. W. Woodruff School of Mechanical Engineering, Suite 4202, MRDC, 801 Ferst Drive, NW, Atlanta, GA 30332-0405, USA

E-mail: declercq@gatech.edu
website: declercq.gatech.edu

neuroimaging and radiological physics — a rare combination of expertise in both fundamental and applied science.

Our own collaboration has been one of mutual respect and deep intellectual exchange. Together, we recently co-advised a Raman–Charpak Fellowship Award-winning Ph.D. project (student: Ajit Maddheshiya), centered on elastic, thermal, and ultrasonic properties of high-entropy alloys and metallic nanostructures. This research linked the experimental and theoretical frameworks of acoustic wave propagation in complex media, leading to results of real significance for materials physics and ultrasonic engineering. It has been a joy to collaborate with Professor Yadav on such topics, where his clarity of thought and physical intuition were always invaluable.

Beyond his laboratory achievements, Professor Yadav has served his institutions and society with inspiring dedication. As Vice-Chancellor of Veer Bahadur Singh Purvanchal University, Jaunpur, he transformed the academic and social environment of the university. During his tenure, he not only elevated its scientific profile but also organized large-scale cultural and educational programs — including an extraordinary Yog Shivir attended by more than 150,000 students, a historic event in the region.

In November 2019, I had the honor of being invited by Professor Yadav as an honorary guest and inaugurator of the newly constructed Aryabhatt Auditorium at the Prof. Rajendra Singh (Rajju Bhaiya) Institute of Physical Sciences for Study and Research, Jaunpur. The commemorative plaque of that occasion bears the names of distinguished scientists from India and abroad, and I remember vividly the gracious and visionary presence and leadership of Professor Yadav during that ceremony — a moment that stands as a highlight of my professional life.

Professor Yadav's leadership and patriotism are deeply admired both within India and internationally. He is respected across continents — in Belgium, France, Austria, Spain, Japan, Sweden, the USA, Canada, Singapore, Nepal, and Italy, among others — where he has represented India with intellectual brilliance and cultural grace. I have often remarked that he embodies, almost unintentionally, the role of a scientific ambassador of India: a man who brings people together through knowledge, culture, and integrity.

His cultural dimension deserves equal admiration. Professor Yadav is a gifted classical singer and musician, with a voice and sensibility that reveal the harmony between art and science. He plays several instruments and finds in music a natural extension of the rhythms of the universe that he studies through

Georgia Tech-Europe
2 rue Marconi, 57070 Metz, France
&
Georgia Institute of Technology
G. W. Woodruff School of Mechanical Engineering, Suite 4202, MRDC, 801 Ferst Drive, NW, Atlanta, GA 30332-0405, USA

E-mail: declercq@gatech.edu
website: declercq.gatech.edu

physics. This balance between scientific rigor and artistic sensibility is rare and deeply inspiring.

I also wish to note that it was Professor Raja Ram Yadav who kindly proposed me for the title of Professor of Physics Honoris Causa at the University of Allahabad — an honor for which I remain deeply grateful. I have also had the privilege of serving several times as an examiner or committee member for Ph.D. theses of his students, experiences I have always valued for the intellectual quality and creativity of the work emerging under his guidance.

Over the years, I have come to appreciate not only Professor Yadav's brilliance but also his sense of humor, warmth, and integrity. His dedication to students from underprivileged and rural backgrounds is exceptional — he has made consistent efforts to expand access to higher education for those who might otherwise have been excluded from the academic world. His students admire him not merely as a professor but as a mentor and protector who stands by them in all circumstances.

In private conversations, I have seen how deeply Professor Yadav admires the Catholic University of Leuven (Belgium) — my own alma mater — and the Georgia Institute of Technology and Georgia Tech Lorraine Laboratory in Metz, France, where I am presently based. This shared appreciation for academic excellence has been a continuous bond between us.

To summarize, Professor Raja Ram Yadav is a rare combination of scientist, teacher, leader, and humanist. His work will continue to influence research in acoustics and nanoscience for decades to come, and his dedication to education and cultural life has already left an indelible mark on Indian academia. I find him not only a great faculty member and a wonderful colleague, but also a person who will be remembered with respect and affection by generations to come. I wish him all the best in his future endeavors — whatever they may be — confident that his contributions, both scientific and human, will continue to enrich the world.

Prof. Dr. Nico F. Declercq

Georgia Institute of Technology

Metz, France, October 22, 2025

Georgia Tech-Europe
2 rue Marconi, 57070 Metz, France
&
Georgia Institute of Technology
G. W. Woodruff School of Mechanical Engineering, Suite 4202, MRDC, 801 Ferst Drive, NW, Atlanta, GA 30332-0405, USA

E-mail: declercq@gatech.edu
website: declercq.gatech.edu

श्री शंकराचार्य नमः

जीवन दीप सेवा न्यास

श्री दत्तात्रेय नमः

पू० जगद्गुरु महामंडलेश्वर स्वामी यतीन्द्रानन्द गिरि

संस्थापक अध्यक्ष : जीवनदीप सेवा न्यास
उपाध्यक्ष : अ.भा. सन्त समीति
संरक्षक : आर०. आर० इन्टर कॉलेज हरदोई,
हिमालय परिवार, सिन्धु दर्शन यात्रा समीति, गौशाला रुड़की

अध्यक्ष : जीवनदीप एकेडमी गुरूकुलम,रुड़की
B.V.B पब्लिक स्कूल, हरदोई
सनातन संत समिति लखनऊ मंडल

प्रो० डॉ० राजाराम यादव जी जब वे असम के शिवसागर-नाजिरा में तेल एवं प्राकृतिक गैस आयोग, भारत सरकार में भूगर्भ वैज्ञानिक -। के पद पर कार्यरत थे एवं राष्ट्रीय स्वयं सेवक के जिला बौद्धिक प्रमुख थे। मैं शिवसागर जिले का जिला प्रचारक था।

महोबा जिले के छोटे से ग्राम सिंहनपुर बघारी (उ० प०) में जन्म लेकर गाँव के सरकारी प्राइमरी स्कूल से शिक्षा प्राप्त कर डॉ राजाराम जी ने एक प्रतिष्ठित वैज्ञानिक, छात्रों में बेहद लोकप्रिय प्रोफेसर शास्त्रीय संगीत के लोक प्रिय गायक एवं वीर बहादुर सिंह पूर्वांचल विश्वविद्यालय जौनपुर (उ० प्र०) के अद्वितीय ऐतिहासिक कुशल प्रशासक कुलपति के रूप में आदर्श पहचान बनाई । बचपन में ही पू० स्वामी शान्तिदेव महाराज जी से दीक्षा ग्रहण कर राष्ट्र, समाज में महान सन्तों का सत्संग आपका स्वभाव रहा। विश्वविद्यालय के छात्रों में भारतीय संस्कृति के संस्कार परिलक्षित करने के उद्देश्य से प्रतिष्ठित सन्तों के सत्संग कार्यक्रमों का विश्वविद्यालयी छात्रों के बीच आयोजन आपकी कार्यशैली का अनिवार्य अंग रहा है। संतों की प्रेरणा एवं आशीर्वाद से महोबा गोपेश्वर धाम की स्थापना की है। गोपेश्वर धाम परिसर में गरीब छात्रों के लिए "सांदीपनी गुरुकुल छात्रावास " का लोकार्पण स्वयं मैने ही किया है। संत सेवा, राष्ट्र सेवा, शास्त्रीय संगीत के उन्नयन हेतु प्रतिवर्ष " स्वजन शिष्य सम्मेलन" अति सुंदर कार्यक्रम का आयोजन होता है।

प्रो० डा० राजाराम यादव-राष्ट्र सेवा विशेषतः छात्रों के लिए पूर्ण समर्पित अनुकरणीय व्यक्तित्व है। डॉ राजाराम जी को मेरा कोटिशः आशीर्वाद ।

स्वामी यतीन्द्रानन्द गिरि
वरिष्ठ महामंडलेश्वर
जीवनदीप पीठाधीश्वर, रुड़की

जीवन दीप आश्रम नन्द विहार, रुड़की 247667, उत्तराखण्ड, जीवन दीप आश्रम 2/64 लखनऊ
जीवन दीप आश्रम E -32, सेक्टर 2 रुकमणी विहार, वृदांवन(मथुरा) उ०प्र०
Email: yogiyate@gmail.com , 9761373361 , 7579019800

Prof. Dr. Manoj Kumar Patairiya

New Delhi

manojpatairiya@yahoo.com | mkp@nic.in | +91-9868114548 (WhatsApp) | 9971489785 (Cell)

ज्ञान-विज्ञान, सेवा-भाव, और सहजता की दिव्यता के प्रयागराज : प्रोफेसर राजाराम जी

प्रयाग का अर्थ है - संगम, और प्रयागराज का अर्थ है - संगमों में श्रेष्ठ ! आदरणीय प्रोफेसर राजा राम यादव जी ज्ञान-विज्ञान, सेवा-भाव, और सहजता की दिव्यता के प्रयागराज हैं। जीवन में कुछ विरले व्यक्तित्व ऐसे होते हैं जो अपने ज्ञान, संकल्प और मानवीय गुणों से दूसरों के जीवन-पथ को आलोकित कर देते हैं। आप ऐसे ही असाधारण महापुरुष हैं। एक सच्चे शिक्षक, एक महान वैज्ञानिक, एक कुशल प्रशासक और सबसे बढ़कर, एक प्रेरणापुंज। प्रोफेसर राजा राम यादव जी का व्यक्तित्व बहुआयामी और अत्यंत प्रभावशाली है। वे सादगी के साथ महानता का, विद्वत्ता के साथ विनम्रता का, और अनुशासन के साथ करुणा का अद्भुत समन्वय करने वाले महान शिक्षक हैं। उनका व्यक्तित्व विशाल वट वृक्ष की भाँति है, जो स्वयं तपती धूप में खड़ा रहता है, किन्तु अनगिनत राहगीरों को छाया व आश्रय प्रदान करता है। उनके चेहरे पर सदैव एक शान्त, आत्मविश्वासी और निश्छल मुस्कान छाई रहती है, जो उनकी आन्तरिक शांति और सकारात्मक दृष्टिकोण का प्रतीक है। उनकी भाषा में सरलता है, उनके विचारों में गहराई का अथाह सागर है। जब वे बोलते हैं, तो श्रोता मन्त्रमुग्ध हो जाते हैं। उनके प्रत्येक शब्द में एक ऐसी शक्ति होती है, जो मस्तिष्क को प्रेरित और मन को स्पर्श करती है।

भौतिक विज्ञान जैसे जटिल और गहन विषय को अपनी लगन, परिश्रम और अद्वितीय अध्यापन शैली से सरल, सुग्राह्य और रोचक बनाने में प्रोफेसर यादव जी का योगदान अतुलनीय रहा है। भौतिकी के जटिल सिद्धान्तों पर उनकी पकड़ और उन्हें नई पीढ़ी तक पहुँचाने की उनकी क्षमता अनुपम है। वे सैद्धान्तिक ज्ञान को व्यावहारिक जीवन से जोड़कर प्रस्तुत करने की अद्भुत कला में निपुण हैं। आपकी अध्यापन शैली अत्यन्त अनूठी और प्रभावशाली है। आप कठिन वैज्ञानिक अवधारणा को सरल उदाहरणों और रोचक विधियों से इस प्रकार समझाते हैं कि वह

सदा के लिए स्मृति में अंकित हो जाती है। आपकी कक्षा में प्रवेश करते ही एक ऊर्जा का संचार होता है, एक जिज्ञासा जागती है, एक स्फूर्ति मिलती है। उनकी कक्षाएँ सदैव जिज्ञासा, उत्साह और ज्ञान के प्रकाश से आप्लावित रहती थीं।

भौतिक विज्ञान विभाग के अध्यक्ष के रूप में उन्होंने विभाग को नई ऊँचाइयों पर पहुँचाया। उनके कुशल नेतृत्व में विभाग ने न केवल अकादमिक क्षेत्र में उत्कृष्टता प्राप्त की, अपितु शोध एवं अनुसंधान के क्षेत्र में भी अभूतपूर्व उपलब्धियाँ हासिल कीं। उन्होंने सदैव विद्यार्थियों को मौलिक चिन्तन और स्वतन्त्र शोध के लिए प्रोत्साहित किया। उनके मार्गदर्शन में अनेक शोधार्थियों ने पीएच.डी. की उपाधि प्राप्त की और विज्ञान के विभिन्न क्षेत्रों में अपना परचम लहराया। उनके वैज्ञानिक शोधपत्र राष्ट्रीय एवं अन्तर्राष्ट्रीय पत्रिकाओं में प्रकाशित होकर विश्व शोधकर्ताओं के लिए पथ-प्रदर्शक बने हैं। उनके अनेक लोकोपयोगी पेटेंट भी है। उनकी शोध-दृष्टि सदैव मौलिक, नवीन और समाजोपयोगी रही है।

प्रो यादव एक बार अपने गाँव के रास्ते पर थे, बीच में एक देशी मिठाई की दुकान आती है, जिसमे पेड़े बहुत स्वादिष्ट मिलते हैं। उन्होंने मिठाई वाले से मधुर स्वाद का राज जानना चाहा। उसने बताया कि वह एक विशेष तापमान तक खोया को पकाता है, न कम न ज्यादा! तभी वह विशिष्ट स्वाद आता है, लेकिंग उसने वह विशेष तापमान बताने से विनम्रतापूर्वक मना कर दिया। इस घटना से उन्हें याद आया कि उनका एक शोधार्थी एक प्रयोग में बारबार असफल हो रहा है, और अपेक्षित परिणाम नहीं मिल रहे हैं! प्रो यादव ने शोधार्थी को वहीँ से फ़ोन किया और कहा कि वह उच्च तापमानों पर प्रयोग दोहराये। शोधार्थी ने ऐसा ही किया और परिणाम सफल रहे। शोधपत्र अंतर्राष्ट्रीय जर्नल में प्रकाशित हुआ, हालाँकि विशिष्ट तापमान का उल्लेख किये बगैर! इस नए शोध की सर्वत्र सराहना हुई। इस प्रकार एक वैज्ञानिक मष्तिस्क में कहीं से भी नया वैज्ञानिक विचार प्रस्फुटित हो सकता है। चलते फिरते रोजमर्रा के जीवन से वैज्ञानिक शोध का हल निकालने की यह कला निराली है।

माननीय कुलपति के सर्वोच्च पद पर आसीन होकर प्रोफेसर राजा राम यादव जी ने अपने विश्वविद्यालय को शैक्षणिक उत्कृष्टता, मूल्य-आधारित शिक्षा और सामाजिक दायित्व की दिशा में अग्रसर किया। उनका प्रशासन पारदर्शिता, न्यायप्रियता और विद्यार्थी-हित की त्रिवेणी पर आधारित था। उन्होंने विश्वविद्यालय में ऐसा वातावरण निर्मित किया जिसमें प्रत्येक विद्यार्थी स्वयं को सम्मानित और सुरक्षित अनुभव करे। उनके कार्यकाल में विश्वविद्यालय ने नई-नई शोध परियोजनाओं,

अन्तर्राष्ट्रीय सहयोग और आधुनिक पाठ्यक्रमों के माध्यम से अभूतपूर्व प्रगति की। उनके नेतृत्व में संस्थान ने जो गौरव अर्जित किया, वह उनकी अदम्य कार्यक्षमता

और दूरदर्शिता का प्रमाण है। एक प्रशासक के रूप में वे सदैव सभी के प्रति समभाव रखते रहे। वे अपने द्वारा सबके लिए खुले रखते थे, चाहे कनिष्ठ कर्मचारी हो अथवा वरिष्ठ प्राध्यापक। उनकी सुलभता और संवेदनशीलता उन्हें एक आदर्श प्रशासक के रूप में स्थापित करती है।

प्रोफेसर साहब अपनी विद्यार्थी मण्डली और मित्र मंडली में प्रसन्नता-पूर्वक अपने रोचक संस्मरण सुनाते हुए स्वयं पर खिलखिलाकर हँसते हैं! औरों पर तो सभी हँसते हैं, परन्तु अपने पर हंसना, बिना किसी लाग लपेट के, बहुत मजबूती और साहस का काम है। लोगों और समाज से जुड़ने में वे माहिर हैं और बताते हैं कि किस प्रकार से यह जुड़ाव या कनेक्ट समाज के विकास, सौहार्द्र और प्रगति के लिए उपयोगी ही नहीं बल्कि आवश्यक भी है, जिसके उनके पास अनेकों उदहारण भरे पड़े हैं।

शुरुआत में वे कई वर्ष तेल और प्राकृतिक गैस कारपोरेशन में वैज्ञानिक रहे और असम सहित पूर्वोत्तर राज्यों में काम किया। तत्पश्चात नौकरी छोड़ कर अनेक वर्षों तक प्रचारक रहे और खूब यात्रायें कीं। उन्होंने प्रोफेसर राजेंद्र सिंह उर्फ़ रज्जू भैया के साथ काम किया। प्रयाग विश्वविद्यालय सहित प्रोफेसर यादव ने महात्मा गाँधी ग्रामोदय विश्वविद्यालय चित्रकूट में भी अपनी न केवल सेवाएं दीं बल्कि शिक्षा, समाज, और विद्यार्थियों के उत्थान के लिए महत्वपूर्ण उल्लेखनीय कार्य किये। चित्रकूट में नानाजी देशमुख के सानिध्य में प्रोफेसर यादव पर नानाजी के जीवन का प्रभाव पड़ा। प्रो यादव को न केवल अनेक भाषाओँ का ज्ञान है बल्कि उन्हें फर्राटे से बोल भी सकते हैं। वे संगीत की बारीकियां जानते हैं और संगीत की विविध विधाओं के मर्मज्ञ भी हैं। उन्हें संगीत में विशेष अभिरुचि है और तबला व हारमोनियम बहुत उम्दा बजाते हैं और महफ़िल में समां बाँध देते हैं। भारतीयता की भावना से ओतप्रोत प्रो यादव एक सिद्धहस्त लेखक और लोकप्रिय वक्ता भी हैं।

प्रोफेसर यादव जी का सर्वाधिक महत्त्वपूर्ण योगदान एक शिक्षक के रूप में है। वर्ष २०१८ में पूर्वांचल विश्वविद्यालय में 'प्रोफेसर राजेंद्र सिंह (रज्जू भैया) भौतिक विज्ञान अध्ययन और अनुसंधान संस्थान स्थापित करने के साथ ही उन्होंने अनेक संस्थानों और संस्थाओं का निर्माण किया, जिनमे विजय सागर पक्षी विहार महोबा स्थित 'स्वामी शांति देव सेवा मण्डल', 'गुरु सांदीपनि छात्रावास', और 'श्री गोपेश्वर

धाम मंदिर' का निर्माण भी सम्मिलित हैं।

यहीं पर वे प्रति वर्ष होली की पूर्व संध्या पर 'स्वजन-शिष्य सम्मलेन' और एक सप्ताह तक चलने वाले रंगारंग कार्यक्रम, प्रशिक्षण, विविध व्याख्यान, प्रतियोगिताएं, गीत-संगीत और गोष्ठियां आयोजित करते हैं। जिनमें उनके शिष्य, मित्र, सहकर्मी, स्वजन आदि भाग लेते हैं। इस अवसर पर अनेक गणमान्य व्यक्तियों, संतों, महामंडलेश्वर, प्राशनिक अधिकारीयों, जन प्रतिनिधियों सहित उनके गाँव और आसपास के गावों से आये लोगों का जमावड़ा लगा रहता है। कई स्वजनों को हर साल बेसब्री से इस गाला आयोजन का इंतजार रहता है।

भारतीय परम्परा में गुरु को ईश्वर से भी श्रेष्ठ माना गया है, ‹गुरुर्ब्रह्मा गुरुर्विष्णुः गुरुर्देवो महेश्वरः।› आप इस उक्ति को अपने जीवन और आचरण से चरितार्थ करते हैं। आपने जीवन के महान सूत्र भी सिखाए - धैर्य, परिश्रम, जिज्ञासा, और सत्य का अनुसरण। आपने अनेक विद्यार्थियों के जीवन को दिशा दी, उनमें से अनेक आज देश-विदेश में उच्च पदों पर आसीन हैं और विज्ञान की सेवा कर रहे हैं। आपका यह योगदान किसी पुरस्कार या उपाधि से बड़ा है, क्योंकि आपने जो पीढ़ियाँ बनाई हैं, वे सदियों तक आपका नाम रोशन करती रहेंगी।

आपने अपना सम्पूर्ण जीवन ज्ञान-विज्ञान के विकास, प्रसार और समाज के उत्थान में समर्पित किया है। आपकी साधना, तपस्या और निःस्वार्थ सेवा-भाव सच्चे अर्थों में प्रेरणादायी है। आप एक ऐसे दीपक हैं जो स्वयं जलकर असंख्य जीवनों को प्रकाशमान करता है। आपके जैसे गुरु,

मित्र, हितैषी और संरक्षक का सानिध्य मिलना परम सौभाग्य है। ईश्वर से प्रार्थना है कि आप दीर्घायु हों, स्वस्थ रहें, सक्रियता-पूर्वक देश और दुनिया की सेवा में रत रहें, और आपकी यह दिव्य-भव्य प्रेरणा-ज्योति सदैव आलोकित रहे।

सादर,

(मनोज कुमार पटैरिया)

Former	Present
Director, CSIR-National Institute of Science Communication & Policy Research	Adjunct Professor, National Institute of Advanced Studies, IISc Campus, Bangalore
Adviser, Science & Engineering Research Council, Dept of S&T, Govt. of India	Life Member, Public Communication of Science & Technology Network, Australia
Adviser & Head, National Council for Science & Technology Communication	Fellow, Academy of Engineering & Technology for Developing World, Malayasia
Additional Director General, Prasar Bharti (All India Radio & Doordarshan)	Editor, *Indian Journal of Science Communication*, Indian Science Comm Society
Chair, AASSA International Group, SHARE Communication, South Korea	Course Director, Diploma in Science Journalism, One Year ODL
Outstanding Professor, Academy of Scientific & Innovative Research	President, International Science Writers' Association, USA
Visiting Professor, Chunganam National University, South Korea	President, Indian Science Writers' Association
Visiting Professor, University of Sao Paulo, Brazil	President, Society for Information Science
Editor General, *Science Diplomacy*	Fellow, Society for Information Science

Dr. Pandit VILAS AJABRAO TABHANE,
D.Sc., LL.B., FUSI, FASI
Former Professor Emeritus,
Savitribai Phule Pune University,
Pune- 411 007.
E mail: yash.goaldriven@gmail,com | Mobile: +91 99759 35358

पंडित प्रो. राजाराम यादव की आत्मकथा पर अनुशंसा

उत्तर प्रदेश के बुंदेलखंड क्षेत्र, जनपद महोबा की सिंघनपुर-बघारी ग्रामभूमि में जन्मे प्रो. (डॉ.) राजाराम यादव का जीवन एक अत्यंत प्रेरक यात्रा है। एक समर्पित शिक्षक, शोधकर्ता और वैज्ञानिक के रूप में उनकी उपलब्धियाँ प्रशंसनीय हैं। उनकी आत्मकथा का प्रकाशन युवा शोधकर्ताओं के लिए निश्चित ही मार्गदर्शक सिद्ध होगा।

यह आत्मकथा एक सच्चे और सरल हृदय वाले व्यक्ति का प्रयास है, जिसने अपने बिखरे पलों और अनुभवों को बड़ा प्रेमपूर्वक शब्दबद्ध किया है। इसमें एक बहुआयामी व्यक्तित्व—समर्पित शोधकर्ता, कर्मठ अध्यापक, आदर्श गुरु, कुशल प्रशासक, समाजसेवी, सच्चे मित्र, योग्य मार्गदर्शक और सबसे बढ़कर सहृदय मनुष्य—की जीवनयात्रा अंकित है। यह व्यक्तित्व मेरे घनिष्ठ शोध-सहयोगी और प्रिय मित्र, प्रो. (डॉ.) राजा राम यादव का है।

किसान परिवार और अन्य पिछड़ा वर्ग समाज से आने वाले प्रो. यादव को उनके माता-पिता–विशेषकर माता श्रीमती भाग्यवती–और मातृ पक्ष के प्रेरक सदस्यों, श्री छोटे लाल यादव, श्रीमती राजा बाई यादव तथा श्री भगवान दास यादव का निरंतर स्नेह और संबल मिला। कठिन परिस्थितियों के बावजूद उन्होंने प्रो. यादव के जीवन में उत्कृष्टता की दृढ़ नींव रखी। गुरदाहा, करहिया (उ.प्र.) के प्राथमिक विद्यालय और बाद में हमीरपुर के विद्यालयों में उनकी प्रतिभा प्रारंभ से ही उजागर हो चुकी थी। आगे चलकर इलाहाबाद विश्वविद्यालय में स्नातक और स्नातकोत्तर अध्ययन के दौरान उनका वैज्ञानिक दृष्टिकोण और प्रखर हुआ।

इलाहाबाद विश्वविद्यालय ने उन्हें वह अवसर दिए जिन्हें उन्होंने दूरदृष्टि और परिश्रम से सार्थक किया। "भारत के अल्ट्रासोनिक्स मैन" के रूप में विख्यात प्रो. एस. के. कोर के सान्निध्य में उन्हें वह अमूल्य मार्गदर्शन मिला, जिसने उनके स्वप्नों को ऊँचाइयों तक पहुँचाया। विषय में उनकी गहरी पकड़ ने उन्हें अध्यापन में सिद्ध किया और प्रो. राम कृपाल जैसे विद्वानों के साथ कार्य करते हुए वे विभागाध्यक्ष और प्राध्यापक के पद तक पहुँचे।

सन् 1983 से 1988 तक उन्होंने ओएनजीसी, भारत सरकार में भूभौतिकीविद् के रूप में सेवा दी। इसके पश्चात् चार वर्षों तक वे आरएसएस प्रयाग महानगर के प्रचारक रहे। सन् 1990 से 1996 तक उन्होंने चित्रकूट ग्रामोदय विश्वविद्यालय (म.प्र.) में विज्ञान संकायाध्यक्ष एवं विभागाध्यक्ष के रूप में कार्य किया, जहाँ उन्हें भारत रत्न नानाजी देशमुख की प्रेरणा और विश्वम ग्रामे प्रतिष्ठतम की दृष्टि का मार्गदर्शन मिला।

ज्ञान के प्रति उनकी अदम्य प्यास ने उन्हें विश्वभर में भ्रमण कराया। उन्होंने कनाडा, अमेरिका, इटली, फ्रांस, जापान, सिंगापुर, नेपाल, स्पेन, ऑस्ट्रिया, बेल्जियम, जर्मनी, स्वीडन और चीन सहित अनेक देशों के प्रतिष्ठित विश्वविद्यालयों और शोध संस्थानों का दौरा किया। अल्ट्रासोनिक्स और पदार्थ विज्ञान के अंतरराष्ट्रीय विशेषज्ञों के साथ उन्होंने मंच साझा किया। इन अनुभवों ने उनके वैज्ञानिक दृष्टिकोण को और प्रखर किया, जिसे उन्होंने अपने 19 पीएच.डी. शोधार्थियों के मार्गदर्शन में सार्थक रूप से लागू किया।

इलाहाबाद विश्वविद्यालय और चित्रकूट में उन्होंने IAS कोचिंग सेंटर, छात्र कल्याण समिति और छात्रावासों के प्रभारी के रूप में विद्यार्थियों में अनुशासन, नेतृत्व और राष्ट्रभक्ति के गुण विकसित किए।

Former-Dean Faculty of Science, Nagpur University, Nagpur.
Former-Chairman, Board of Studies in Physics, Nagpur Univ., Nagpur.
Former-Member-Academic Council, Nagpur University, Nagpur.
Former President, Vidarbha Universities Physics Teachers Association.
Former-Member, Board of P. G. Studies, Deptt. of Applied Physics, Babasaheb Bhimrao Ambedkar Univ., Lucknow, U.P.
Former-Member, Executive Council, VBS Purvanchal University, Jaunpur, U.P.
President, Organization for Social, Ecological and Environmental Development, Nagpur.
Former-Director, Institute of Science, Mumbai-400 032.
Former-Director, Institute of Science, Nagpur-440 001.
Former-Prof. & Head, Dett. of Physics, Institute of Science, Mumbai & Nagpur.
Former convenor, Board of Studies in Physics, Maharashtra state Education Board.

प्रो. एस. के. कोर के सच्चे उत्तराधिकारी के रूप में प्रो. यादव ने प्रयोगात्मक एवं सैद्धांतिक अल्ट्रासोनिक्स, उन्नत पदार्थ विज्ञान, नैनो-प्रौद्योगिकी तथा नैनो-द्रवों के क्षेत्र में उत्कृष्ट शोध कार्य किया। उनकी 150 से अधिक उच्च-गुणवत्ता वाली शोध-पत्र अंतरराष्ट्रीय जर्नलों में प्रकाशित हैं। उन्होंने भारत तथा विदेशों में 110 से अधिक आमंत्रित व्याख्यान देकर भारत का गौरव बढ़ाया। उत्कृष्ट अध्यापन, शोध एवं मार्गदर्शन के लिए उन्हें भारतीय राष्ट्रीय विज्ञान अकादमी द्वारा "भारतीय राष्ट्रीय विज्ञान अकादमी शिक्षक पुरस्कार" सहित अनेक विशिष्ट सम्मान, फैलोशिप और आजीवन सदस्यताएँ प्रदान की गईं।

सन् 2017 से 2020 तक प्रो. यादव ने वी. बी. एस. पुर्वांचल विश्वविद्यालय, जौनपुर (उत्तर प्रदेश) के कुलपति के रूप में कार्य किया। उनके कार्यकाल में विश्वविद्यालय में शैक्षणिक, प्रशासनिक, अनुसंधान तथा अवसंरचनात्मक क्षेत्रों में दूरगामी और प्रभावी सुधार किए गए, जिनसे यह संस्थान एक सशक्त एवं जीवंत उच्च शिक्षण केंद्र के रूप में विकसित हुआ। उनके नेतृत्व में प्रो. राजेन्द्र सिंह (राज्जू भैया) भौतिक विज्ञान अध्ययन एवं अनुसंधान संस्थान की स्थापना हुई; नैनोविज्ञान एवं प्रौद्योगिकी तथा नवीकरणीय ऊर्जा के आधुनिक अनुसंधान केंद्र प्रारम्भ किए गए; अशोक सिंघल पारंपरिक विज्ञान एवं प्रौद्योगिकी संस्थान की स्थापना की गई; विश्वस्तरीय आर्यभट्ट सभागार का निर्माण सम्पन्न हुआ; बी.एससी., बी.ए.-एल.एल.बी. (समेकित), बी.कॉम., एम.टेक. एवं डी.फार्मा जैसे नए स्नातक एवं स्नातकोत्तर पाठ्यक्रम आरम्भ किए गए। उनके मार्गदर्शन में विश्वविद्यालय ने समग्र विकास हेतु 50 गाँवों को गोद लिया, कौशल विकास एवं प्रशिक्षण केंद्र की स्थापना की गई, और पहली बार 4000 से अधिक विद्यार्थियों का कैंपस चयन हुआ–जो विश्वविद्यालय के इतिहास में एक अभूतपूर्व उपलब्धि है।

हाल ही में, प्रो. आर. आर. यादव–जो भारतीय अल्ट्रासोनिक सोसायटी के अध्यक्ष हैं–को अदीस अबाबा स्थित इंटरनेशनल यूनिवर्सिटी (इथियोपिया) द्वारा डी.एससी. उपाधि से सम्मानित किया गया। यह सम्मान उनके आजीवन समर्पण, शिक्षा-शोध में योगदान तथा वंचित वर्गों के प्रति करुणामय मार्गदर्शन की स्वाभाविक परिणति है।

विज्ञान के साथ-साथ वे भारतीय शास्त्रीय संगीत में भी निपुण हैं। पूज्य स्वामी शांति देव महाराज से उन्होंने आध्यात्मिक शिक्षा प्राप्त की। ठुमरी और तराना में दक्षता, योग में प्रवीणता तथा बहुआयामी प्रतिभा उन्हें विश्व के प्रतिष्ठित विद्वानों और शिक्षकों की श्रेणी में स्थापित करती है। पूज्य स्वामी शांति देव महाराज चैरिटेबल ट्रस्ट के अध्यक्ष के रूप में उन्होंने वन विहार, महोबा में गरीब एवं वंचित छात्रों के लिए छात्रावास की स्थापना की। उन्होंने अपने विद्यार्थियों और शोधार्थियों के लिए "गुरुकुल" की स्थापना की, जहाँ वे सभी उन्हें आदरपूर्वक "गुरुदेव" कहकर संबोधित करते हैं।

मेरा दृढ़ विश्वास है कि पंडित प्रो. राजा राम यादव की आत्मकथा और उनका गौरवशाली जीवन छात्रों, शिक्षकों, शोधकर्ताओं, पेशेवरों तथा समाज के सभी वर्गों को भारत ही नहीं, विश्वभर में प्रेरित करेगा।

उनकी एक विलक्षण विशेषता यह है कि वे आज भी अपनी पुरानी घटनाओं को तिथि, समय, स्थान, नाम तथा यात्रा दूरी तक की अद्भुत सटीकता के साथ स्मरण कर लेते हैं, मानो वे अनुभव अभी-अभी घटित हुए हों। हम यह सुनकर अक्सर आश्चर्य से भर उठते थे।

मैं उन सभी को प्रणाम करता हूँ जो मानवीय संवेदनाओं के साथ शैक्षणिक उत्कृष्टता का मार्ग चुनते हैं–जैसा कि इस दूरदर्शी वैज्ञानिक और महान आत्मा, पंडित प्रो. राजा राम यादव ने किया है।

मैं उनके उज्ज्वल भविष्य और उत्तरोत्तर प्रगति के लिए हार्दिक शुभकामनाएँ देता हूँ।

पंडित प्रो. विलास अ. तभाने
Former Professor Emeritus
Savitribai Phule Pune University
Pune-411 007

नागपुर दिनांक: २२.१२.२०२५

KIIT COLLEGE OF ENGINEERING

(Approved by A.I.C.T.E. & Affiliated to Gurugram University, Gurugram)

KIIT CAMPUS, SOHNA ROAD, (NEAR BHONDSI) GURUGRAM

Prof. Dr. Raja Ram Yadav: A Distinguished Scholar and Transformative Leader

"Prof. Dr. Raja Ram Yadav is a rare confluence of scientific brilliance, visionary leadership. And unwavering national service – a scholar who transformed institutions, elevated minds, and touched lives with knowledge, culture, and character. His legacy is not just written in research papers and reforms, but in the inspired hearts of generations who now dare to dream higher."

– Dr. Mahavir Singh

Dr. Mahavir Singh

Dr. Mahavir Singh, Ph.D. (IIT Delhi), is an internationally acclaimed acoustics and vibration expert with over 32 years in research, academia, and leadership. Former Chief Scientist at CSIR-NPL and now Principal/Director at KIIT College of Engineering, he has 180+ publications, authored books, guided numerous scholars, received prestigious awards, and significantly advanced India's acoustics and metrology standards.

Prof. Dr. Raja Ram Yadav is a celebrated academician, scientist, administrator, and national contributor whose remarkable journey spans scientific excellence, visionary leadership, and deep social commitment.

He served as the Vice- Chancellor of Veer Bahadur Singh Purvanchal University, Jaunpur, from 2017 to 2020, leading one of the most transformative periods in the university's history.

Jaunpur, from 2017 to 2020, leading one of the most transformative periods in the university's history

A Career Rooted in Science and Service: Prof. Yadav began his professional life as a **Geophysicist at ONGC (1983–1988)**, developing expertise in applied science and research. Demonstrating rare dedication to social upliftment, he served as an **RSS Pracharak (1988–1992)** in Prayagraj, contributing to community development and youth motivation.

His illustrious academic career at **Allahabad University** includes serving as **Professor and Head, Department of Physics**, with renowned contributions in ultrasonics and spectroscopy. He has authored **150+ international research papers**, guided **19 Ph.D. scholars**, and held esteemed **visiting fellowships at IIT Kharagpur and IIT Roorkee**.

Transformative Vice-Chancellorship: As Vice-Chancellor, Prof. Yadav reshaped Purvanchal University through bold initiatives:

- Over **4000 students placed** through the newly empowered Training & Placement Cell.
- Establishment of a **Skill Development Centre** and introduction of new programs such as BA LLB, B.Sc., B.Com., M.Tech., and D.Pharma.
- Creation of **advanced research centres** in Nanoscience and Renewable Energy.
- Inauguration of the **Aryabhatt Auditorium** and acceleration of world-class infrastructure development.

His leadership also strengthened sports, cultural activities, financial reforms, and community outreach, including the **adoption of 50 villages** for integrated development.

A Multifaceted Contributor: Prof. Yadav is internationally recognized for **over 110 invited lectures** and pioneering research in ultrasonic spectroscopy. A trained **Indian classical vocalist**, he has enriched cultural life through performances and major music festivals. His spiritual teachings and motivational guidance have inspired thousands of students.

Honours and Legacy: Recipient of the **INSA Teacher Award, Prayag Gaurav Samman**, and numerous other accolades, Prof. Yadav is currently President of Ultrasonics Society of India holds leadership roles across scientific and social organizations. His enduring legacy is one of excellence, integrity, and nation-building—an inspiring example for future generations.

Prof. (Dr). Mahavir Singh
Principal Director, K-IIT College of Engineering, Gurugram (Delhi NCR)
President, Acoustical Society of India (ASI)
Vice President, Ultrasonics Society of India (USI)

सत्यमेव जयते
भारत सरकार
Government of India
परमाणु ऊर्जा विभाग
Department of Atomic Energy
भाभा परमाणु अनुसंधान केंद्र
Bhabha Atomic Research Centre

Dr. Mangla Nand
Scientific Officer-E
Beamline Development &
Application Section, BARC
RRCAT, Indore, M.P. – 452013

Prof. Raja Ram Yadav is a distinguished academician, researcher, teacher, and administrator whose life embodies an exceptional blend of simplicity, dedication, and compassion. Throughout his illustrious career, he has remained deeply committed to nurturing students, advancing scientific knowledge, and contributing to the betterment of society. His humility and approachable nature have made him not only a respected scholar but also a mentor and guide to countless students.

Renowned for his modesty, Prof. Yadav leads by example, demonstrating that true greatness lies in humility and service. Regardless of position or status, he treats everyone—students, colleagues, and staff—with respect and kindness. This down-to-earth demeanor has earned him immense affection and admiration from all who have had the privilege to work or study under his guidance.

Prof. Yadav's mentoring style reflects his desire to instill confidence, determination, and perseverance among students. He constantly encourages them to face challenges fearlessly and to pursue excellence with integrity. Numerous awards and honors throughout his career stand as testimony to the respect he has earned for his unwavering support and encouragement of young minds.

As Vice-Chancellor of Veer Bahadur Singh Purvanchal University, Jaunpur, Prof. Yadav displayed exceptional leadership. Under his guidance, the university witnessed remarkable progress in science, innovation, and institutional development. His tenure saw the establishment of the "Prof. Rajendra Singh (Rajju Bhaiya) Institute of Physical Sciences for Study and Research", substantial research funding from national agencies, and significant reforms in postgraduate admissions and academic governance. His leadership philosophy emphasized academic rigor, innovation, and inclusive opportunities for both faculty and students.

Beyond academia, Prof. Yadav's social, cultural, and philosophical commitments reflect his vision for holistic development of society. A connoisseur of classical music, he has a deep appreciation for classical singing and traditional instruments. Through the Swami Shanti Dev Sewa Mandal Trust in Mahoba U.P., he extends his support to economically weaker students by providing hostel accommodation, and organizes cultural programs to promote and preserve India's rich musical heritage, encouraging local artisans and performers of instruments like the Pakhawaj, Tabla, and Harmonium. His earlier service as an RSS Pracharak and his involvement with the National Service Scheme (NSS) at Allahabad University further exemplify his lifelong commitment to social welfare, cultural enrichment, and moral leadership.

Prof. Raja Ram Yadav's life stands as a beacon of inspiration: a perfect harmony of intellect, humility, and service. To his students, he remains not only a teacher but also a mentor, guide, and role model whose influence continues to shape lives and minds with compassion and wisdom.

Dr. Mangla Nand

।। श्री शंकराचार्य विजयतेतराम्।।

प्रातः स्मरणीय धर्म सम्राट अनन्त श्री समलङ्.ज्योतिष्पीठाधिश्वर

जगद्गुरु शंकराचार्य

स्वामी वासुदेवानन्द सरस्वती जी महाराज

(ज्योतिर्मठ बद्रिकाश्रम, हिमालय) के कृपापात्र शिष्य

बाल ब्रह्मचारी आत्मानन्द जी महाराज

श्री ज्योतिष्पीठ शंकराचार्य आश्रम

पता- पंगुल बाबा आश्रम श्री राम जानकी मन्दिर, करियाँव, मीरगंज बाजार, जौनपुर मो.- 800966545,9125125043

पत्रांकः   दिनांक ....

पो डा राजाराम यादव जी तेल एंव प्राकृतिक गैस आयोग (ONGC) भारत सरकार में प्रथम श्रेणी के पद से त्यागपत्र देकर राष्ट्रीय स्वयंसेवक संघ - प्रयाग महानगर में प्रचारक होकर और तब से इलाहाबाद विश्वविद्यालय मे छात्र कार्यकर्ता था। संघ के वरिष्ठ अधिकारी उ० प्र० में आपके जीवन का उदाहरण देने से मेरे जीवन पर आपका गहरा प्रभाव पड़ा। जीवन में आध्यात्मिक आकर्षण आपके पेरणादायी व्यक्तित्व से पैदा हुआ। डॉ० राजाराम जी ने अपने राष्ट्र के युवाओं का जीवन संवारने में ही अपना सर्वस्व अर्पित किया है। प्रोफेसर राजाराम जी छात्र जीवन से ही संतों के प्रति अगाध श्रद्धा रखने वाले, अथक परिश्रमी, धेयवादी आदर्श प्रोफेसर, प्रसिद्ध वैज्ञानिक एवं कुलपति के रूप में कुशल प्रशासक तथा वीर बहादुर सिंह पूर्वांचल विश्वविद्यालय को विश्व में पहचान दिलाने वाले, साहसी विद्वान वक्ता , विख्यात शास्त्रीय गायक, जनसमाज में अत्यन्त लोकप्रिय बहुआयामी व्यक्तित्व के धनी हैं। परमेश्वर से मैं डॉ० राजाराम जी के दीर्घ जीवन की कामना करता हूँ। अपना आशीर्वाद संप्रेषित करता हूँ।

आत्मानन्द

डा० शक्ति प्रताप सिंह
व्याख्याता भौतिकी

**राजकीय पालीटेक्निक
कुरु पिंडरा वाराणसी**
E-Mail.:dr.shaktipratapsingh@gmail.com
Mob.: +91-9415829542

मेरे जीवन में सबसे प्रेरणादायी, प्रभावशाली और आदरणीय व्यक्तित्व मेरे गुरुजी, प्रोफेसर (डॉ०) राजाराम यादव हैं। गुरु वही श्रेष्ठ होता है जो अपने शिष्य की जिज्ञासाओं को शांत ही नहीं करता, बल्कि उसे जीवन के हर संकट से बाहर निकलने का मार्ग भी दिखाता है। गुरु का स्थान संसार में सर्वोच्च माना गया है, क्योंकि वही वह ज्योति है जो शिष्य के जीवन के अंधेरे को प्रकाश में परिवर्तित करती है। मेरे जीवन में यह ज्योति, यह प्रकाशस्तंभ, यह आध्यात्मिक और बौद्धिक ऊर्जा—आप हैं, आदरणीय गुरुजी। आपकी सादगी इतनी अनुपम और पवित्र है कि "सादगी" शब्द स्वयं भी अपनी परिभाषा बदलने को विवश हो जाए।

भौतिकी जैसे गूढ़ विषय को आप हास्य और सरल उदाहरणों के माध्यम से इस सहजता से समझा देते हैं कि बड़े से बड़े हास्य कलाकार भी आपकी शैली के सामने फीके पड़ जाएँ। कभी डाँट कर, कभी दुलार से और कभी अपने विनोदी ढंग से समझाने की उनकी विलक्षण क्षमता केवल ज्ञान ही नहीं देती, बल्कि जीवन के मूल्य भी सिखाती है।

आपकी वाणी में वह शक्ति है जो निराश मन को भी उत्साह से भर देती है। आपकी मुस्कान ही हमारे आत्मविश्वास की सबसे बड़ी पूँजी है। आपके नेतृत्व कौशल, दृढ़ निर्णय क्षमता, स्वच्छ चिंतन और अपनी बात को प्रभावशाली ढंग से संप्रेषित करने की अद्भुत योग्यता ने मेरे व्यक्तित्व और सोच पर गहरा प्रभाव डाला है। लोगों को समझने, उनसे जुड़ने और उन्हें प्रेरित करने की आपकी सहज क्षमता अद्वितीय है। प्रतिकूल परिस्थितियों में आपका धैर्य, लचीलापन और संकल्प हम सभी विद्यार्थियों के लिए एक प्रेरणास्रोत है। आपनें हम सभी को हमेशा यह सिखाया है कि महान बनना कठिन नहीं, बल्कि महान बने रहना ही चरित्र की सच्ची कसौटी है—और आप उस कसौटी पर पूर्ण रूप से खरे उतरते हैं। आप केवल ज्ञान का समुद्र नहीं हैं, बल्कि एक ऐसा तट भी हैं जहाँ पहुँचकर हर विद्यार्थी स्वयं को सुरक्षित और समर्थ महसूस करता है।

आपके साथ बिताए गए प्रत्येक पल ने मुझे न केवल एक बेहतर विद्यार्थी बनाया है, बल्कि एक बेहतर इंसान भी। आपने सिखाया कि समस्याएँ बाधाएँ नहीं, बल्कि संभावनाओं के द्वार हैं; असफलता पराजय नहीं, बल्कि सफलता की प्रस्तावना है। मैं स्वयं को अत्यंत सौभाग्यशाली मानता हूँ कि आप मेरे शोध-निर्देशक और गुरु हैं। आज मैं जो हूँ और भविष्य में जो भी सार्थक उपलब्धियाँ प्राप्त करूँगा, उनमें सबसे अधिक प्रसन्न यदि कोई होगा, तो वह आप ही होंगे; यह मेरा दृढ़ विश्वास है।

गुरुजी, आपका स्नेह, आपका विश्वास और आपका मार्गदर्शन मेरे लिए वह अनमोल धरोहर है, जिसे मैं जीवनभर संजोकर रखूँगा। प्रार्थना है कि आपके चरणों का आशीर्वाद सदैव मेरे साथ बना रहे और मैं आपकी शिक्षाओं को अपने जीवन में चरितार्थ करता रहूँ।

आपके प्रति हृदय की गहराइयों से—असीम सम्मान, कृतज्ञता और समर्पण के साथ.....

— सदैव आपका
डा॰ शक्ति प्रताप सिंह

विषय सूची

1.

मेरा बचपन

भारत वर्ष में उत्तर प्रदेश के अन्तर्गत बुन्देलखण्ड क्षेत्र अपना एक विशिष्ट स्थान रखता है। बुन्देलखण्ड में ग्राम- सिंहनपुर बघारी जिला- महोबा (उ०प्र०) में 4 जनवरी 1957 को प्रातः काल मेरा जन्म हुआ था। पूज्य पिता श्री दरबारी लाल यादव, पूज्य माता जी श्रीमती भाग्यवती देवी, बड़े पिताजी (दाऊ) एवं दादी मां (कक्को) के वात्सल्य के साथ प्रारम्भिक लालन पालन हुआ। पिताजी हमारे तीन भाई थे, संयुक्त परिवार था। पिताजी की प्रारम्भिक शिक्षा हुई थी। पिताजी क्षेत्र के विख्यात आशु कवि भी थे। ग्राम प्रधान भी निर्वाचित हुए थे। सामाजिक कार्यों में पिता जी की गहरी रुचि थी। उनके कार्यकाल में गाँव में जूनियर हाई स्कूल की स्थापना हुई थी। गाँव में सिद्ध-संत पूज्य स्वामी अखंडानंद महाराज (स्वर्गाश्रम पीली कोठी, चित्रकूट के संस्थापक एवं स्वामी परमानंद जी के महाराज के गुरु) के एक शिष्य गाँव में कुटिया बनाकर रहते थे। शिवोऽहम उनका मूल सिद्धान्त था। मैं अपने पिता की पहली संतान था। मेरा ननिहाल (मामा का गाँव) उ०प्र० के हमीरपुर जिले में मौदहा कस्बे के पास गुरदहा ग्राम है। मेरे नाना तीन भाई थे, लेकिन मामा तीनों के बीच एक ही थे। मामा का नाम श्री भगवानदास है। परनाना भी जिन्दा थे। मुझको माँ का दूध छूटने के बाद मामा के ही घर रख लिया गया था। हमारे सबसे छोटे नाना श्री छोटेलाल यादव क्षेत्र के प्रसिद्ध पहलवान थे, सन्त सेवी थे । वह लगातार 35 वर्ष ग्राम प्रधान रहे। अत: मेरा वास्तविक लालन पालन मेरी नानी श्रीमती राजाबाई ने किया। बड़ी नानी श्रीमती दुलारी देवी, एवं छोटी नानी श्रीमती कलावती देवी एवं

मौसियों का स्नेह लगातार मिलता रहा। मेरी मौसी मेरा बहुत ध्यान रखती थी। नानी के न रहने पर मामी जी ने हमेशा मेरा ध्यान रखा। प्राइमरी की शिक्षा मैंने गुरदहा ग्राम के सरकारी स्कूल से ही प्राप्त की । मेरी प्राथमिक शिक्षा के गुरु पं० राम रतन मिश्र जी मुझसे अत्यन्त स्नेह रखते थे। वे पास के ग्राम-करहिया से पैदल आते थे। कक्षा 5 की जिला बोर्ड परीक्षा के बाद उन्होंने ग्रीष्मावकाश में अँग्रेजी सिखायी थी। वे इतना अच्छा पढ़ाते थे कि मुझे घर में पढ़ना ही नहीं पड़ता था। हम लोग पंडित जी की सेवा भी कर देते थे, खास कर जब वे अपना भोजन बनाते थे, कभी-कभी हम लोगों को भी बनाकर खिलाते थे। मैंने पंडित जी के ग्राम- करहिया से ही जूनियर हाई स्कूल की परीक्षा पास की थी। ग्राम - करहिया में पढाई के दौरान, एक बार गर्मी के दिनों में दोपहर 12 बजे दिन की छुट्टी होने पर मैं गुरदहा पैदल चल पडा। मेरे दो एक साथी भी साथ में थे, अचानक मेरा पेट दर्द होने लगा। फिर ध्यान आया तो हम लोग करहिया गाँव में अपने गुरू श्री पं० राम रतन मिश्र के घर चले गये। गुरू जी तो गुरदहा विद्यालय में थे, किन्तु गुरु माता ने अपने पुत्र की तरह हमारे साथ व्यवहार किया। मुझे पहले दवा स्वरुप अदरक गुड़ खिलाया, फिर दलिया खाने के लिए दिया। ऐसा परिवार था हमारे प्राइमरी के शिक्षक गुरू जी का, जो जिन्दगी में कभी नहीं भूलता। उनका प्रेम ही हमारे लिए विद्या का स्रोत था। मेरे एल्बम में सबसे प्रथम उनका ही फोटो लगा है।

मेरे नाना क्षेत्र के प्रसिद्ध संत स्वामी अखंण्डानन्द जी के शिष्य थे। स्वामी जी की कुटिया जंगल खेतों के बीच में थी। वर्ष में कम से कम दो बार स्वामी जी गाँव आते थे। आसपास के हजारों भक्त उनका सत्संग करने जाते थे। हमलोग भी जाते थे। उनके शिष्य स्वामी परमानंद जी महाराज (साध्वी ऋतम्भरा के गुरु) जी का हमारे जूनियर हाईस्कूल करहिया ग्राम में भी छात्रों के बीच प्रवचन होता था। इस प्रकार मेरा बचपन सन्यासियों

के प्रभाव में ही विकसित हुआ। इसी काल में परमपूज्य स्वामी शान्तिदेव महाराज जो क्षेत्र के विख्यात संगीत कलाकार भी थे, मेरे नाना श्री छोटेलाल यादव, प्रधान जी के आग्रह पर गुरदहा आने लगे थे, नाना के प्रयास से सबने मिलकर स्वामी जी कि एक कुटिया भी बना दी। बचपन में उन्होंने मुझे शास्त्रीय संगीत भी सिखाया एवं मुझे आध्यात्मिक दीक्षा प्रदान की। मैं अधिकांश समय स्वामी जी के साथ कुटिया में बिताया करता था, भोजन के लिए घर चला जाता था। कभी-कभी जब स्वामी जी स्वयं भोजन बनाते थे, तो मैं भी वहीं भोजन कर लेता था तथा बर्तन माँजने का काम करता था। स्वामी जी पाक शास्त्र के विशेषज्ञ थे। स्वामी जी संगीत कार्यक्रमों के लिए अक्सर प्रवास पर जाते थे किन्तु उनका केन्द्र गुरदहा की कुटिया ही थी। मुझको भी प्रोग्रामों में कभी-कभी बाहर ले जाते थे। नाना के आग्रह पर स्वामी जी ने छः विद्यार्थियों की कीर्तन मण्डली भी बनायी थी। एक बार ब्लाक रैली में हमारी मण्डली को प्रथम स्थान मिला था। मुझको विशेष इनाम दिया गया था। चित्रकूट के झूला प्रोग्राम में एक सप्ताह के लिए प्रतिवर्ष स्वामी जी चित्रकूट ले जाते थे। पूरे चित्रकूट में हम बहुत लोकप्रिय हो गये थे। संगीत के विख्यात कलाकारों से आशीर्वाद मिलता रहा। पं० श्री चन्द्र महाराज (शास्त्रीय गायक), गंगा मास्टर जी पं० झण्डीलाल महाराज (पं० श्याम सुन्दर द्विवेदी-मृदंगाचार्य), पं० अवधेश महाराज (पखावज), पं० सुभागदत्त त्रिपाठी जी, छत्रपाल सिंह जी, श्री रामरतन मास्टर जी चाँयी महाराज, रामगोपाल जी, अंगद सिंह जी (तबला) आदि अनेकों कलाकारों की संगति प्राप्त होती थी। चित्रकूट परिक्रमा प्रमुख द्वार के पू० महंत प्रेमपुजारी दास जी, निर्मोही अखाड़ा के पू० राम आसरे दास जी, चौपडा के पूज्य पुजारी जी अनेक महान संतों का आशीर्वाद प्राप्त होता रहा।

गुरदहा के पास एक खण्डेह बड़ा गाँव है (जिला-हमीरपुर) वहाँ के

184 गाँव के जमीदार दुबे परिवार बहुत विख्यात है। वे राजा, महाराजा ही थे। उन्होंने नक्काशी द्वार पत्थर के तीन विशाल मन्दिर भी बनवाये थे। उस परिवार में श्री भीष्म देव दुबे (प्यार से क्षेत्र की जनता उन्हें पक्कू भईया कह कर पुकारती थी), एक बार कांग्रेस पार्टी से बांदा के सांसद भी रहे। एक बार खांण्डेह में पक्कू भइया ने संगीत का बहुत बड़ा कार्यक्रम करवाया। कार्यक्रम के पहले दिन मन्दिर के एक कमरे में मेरी एक शास्त्रीय बन्दिश उन्होंने सुनी तो कहा बेटे सुविख्यात मृदंगाचार्य (पखावज वादक) पं० झन्डीलाल महाराज के साथ गाओगे? मैंने हाँ कह दिया। दूसरे दिन आदरणीय पक्कू भइया जी बीच जनता से जहाँ मैं अपने रिश्तेदारों के मध्य बैठा हुआ या वहाँ से मेरी उँगली पकड़कर स्वयं मुझे मंच पर ले गये। सबको बड़ा आश्चर्य था कि यह छोटा कौन बालक है जिसे पक्कू भईया मन्च पर ले जा रहे हैं। फिर मृदंगाचार्य बुन्देलखण्ड केशरी पंडित झण्डीलाल महाराज से मेरे शास्त्रीय गायन में (मेरा उत्साह वर्धन हेतु) संगत करने की प्रार्थना की। श्रद्धेय पण्डित जी ने भी स्नेह देते हुए मृदंग बजाकर मेरा उत्साह बढ़ाकर आशीर्वाद प्रदान किया। मेरे गुरू जी पू० स्वामी शान्ति देव जी महाराज (सुविख्यात शास्त्रीय गायक) भी वहाँ उपस्थित थे। फिर पक्कू भइया ने मेरे नाना से कहा, कि इस बच्चे को हमें सौंप दो, हम पढ़ायेंगे, संगीत की आगे शिक्षा दिलायेंगे, सारा व्ययभार हम करेंगे। यह बालक हमारे क्षेत्र बुन्देलखण्ड की शान होगा। मेरे नाना ने कहा आपके आशीर्वाद से कमी नहीं है, जब होगी तो आप हमारे संरक्षक ही हैं। यह प्रेरणादायक घटना मुझे जीवन में हमेशा याद रही। पहले संभ्रांत सम्पन्न नेता कैसे छात्रों का ध्यान रखते थे, कितना प्रतिभावानों को आगे बढ़ाने में रुचि रखते थे यह मिसाल है। कितना प्यार दिया उन्होंने, भविष्य में मैं जब भी उनको फोन करता था, वह बड़े प्रसन्न होते थे। मेरा नाम भी परनाना ने रखा था। इसलिये 4 भाइयों में मेरा अलग नाम है। स्वामी जी के कारण मुझे पूज्यनीय संतो का, संगीत

कलाकारों का आशीर्वाद, सत्संग सम्पूर्ण जीवन भर मिला। हमारे स्वामी शान्तिदेव जी महाराज विख्यात सिद्धसन्त रोटीराम महाराज (कभी नागा जी महाराज) के शिष्य थे। रोटीराम महाराज एक बार जून में गुरदहा आये थे। वे गाँव के बाहर ही तख्ते में सोते थे। सिले कपड़े नहीं पहनते थे। केवल फल दूध, दही ही लेते थे। अन्न ग्रहण नहीं करते थे। हमारे स्वामी जी ने पहले ही बताया था कि गाँव के बाहर जहाँ स्वामी नागाजी रुकेंगे, वो धरती सोना उगलेगी। हुआ भी वही, गाँव के बाहर दो सिरसई के पेड़ थे। स्वामी जी वहीं रुके जहाँ भयंकर लू वाली गर्मी चलती थी। वहाँ कुछ पैदा नहीं होता था, आज वही जमीन खेती में सोना उगल रही है। हमीरपुर के पास भरुआ सुमेरपुर में ''गायत्री तपो भूमि'' रोटी राम महाराज जी का सिद्ध आश्रम है। गायत्री इण्टर कालेज भी चलता है। ''*संतों की महिमा अपार, पार कोई पाता नहीं*''।

संगीत के कारण मैं छात्र जीवन से ही बहुत लोकप्रिय था। कई बार पास करहिया ग्राम, जहाँ से मैंने जूनियर हाई स्कूल की परीक्षाएं (कक्षा 6,7,8) उत्तीर्ण की थी, में रामलीला मंचन के दिनों में एक आदर्श त्रिपाठी परिवार मुझे अपने घर में प्यार से रोक लेते फिर रात्रि में रामलीला में मेरा गायन होता। इस परिवार में कपिल देव त्रिपाठी मेरा सहपाठी था, मेरी दोस्ती भी अच्छी थी। श्री गोपाल माध्यमिक विद्यालय, करहिया स्वतंत्रता संग्राम सेनानी मेड़ेलाल सरदार जी (कुशवाहा समाज) द्वारा बनवाया गया था। कमरे तो छप्पर के थे, लेकिन पढ़ाई जिला बोर्ड में सबसे अच्छी होती थी। कक्षा 8 में तो रात्रि में कालेज में रहते थे। संस्कारात्मक कार्यक्रम भी होते थे। एक बार बाल संसद का आयोजन किया गया था चूँकि मैं मलयागिरि चन्दन का मस्तक पर त्रिपुण्ड लगाता था, साधू सन्तों के कार्यक्रमों में जाता था, अतः मुझे विपक्ष के जनसंघ के नेता माननीय अटल बिहारी बाजपेयी जी का रोल दिया था। छात्र जीवन से ही सन्तों का सत्संग मेरे जीवन का

सौभाग्य रहा। संतों का आशीर्वाद पूरे जीवन भर मेरे साथ रहा। पढ़ाई के मामले में मैनें हमेशा अपने प्रिय गुरुजनों के ही मार्गदर्शन का अनुकरण किया। कक्षा 8 के मेरे प्रिय गुरु श्री खेमचन्द्र अहिरवार जी एवं प्राइमरी के मेरे गुरुजी पं० रामरतन मिश्र जी की सलाह पर मैं हमीरपुर के श्री विद्या मन्दिर इण्टर कालेज में हाई स्कूल, इण्टर की पढ़ाई के लिये गया। मेरे साथ मेरा कोई भी सहपाठी हमीरपुर नहीं गया, सभी पास के चर्चित नेशनल इण्टर कालेज, मौदहा में पढ़ने गये। इसी बीच 1969 में गौहत्या आन्दोलन के बाद उ० प्र० में विधान सभा का चुनाव हुआ। मेरी प्रकृति धार्मिक होने के कारण जनसंघ के चुनाव चिंह दीपक का प्रचार किया। सभी संत महात्मा जनसंघ का प्रचार कर रहे थे। पहली बार गैर कांग्रेसी संविद सरकार बनी थी। 1971-1974 तक छात्र जीवन के 4 वर्ष कई दृष्टियों से मेरे स्वर्णिम काल थे। 1971 जुलाई में हमीरपुर के श्री विद्या मन्दिर में प्रवेश लेने के बाद प्रारम्भ में अकेलापन स्वाभाविक था। मेरे फूफा श्री जागेश्वर सिंह यादव उस समय कालेज के उप प्रधानाचार्य थे। कालेज के संस्थापक श्रेष्ठ अध्यापकों में से थे। कालेज में अनुशासन उन जैसे अध्यापकों के व्यक्तित्व का परिणाम था। स्वाभाविक ही मेरे संरक्षक थे। कुछ दिन उनके घर पर ही रहा था।, मैंने एक दिन उनसे कहा कि फूफा जी मेरा कालेज से नाम कटवा दीजिए, मैं पास के नेशनल इण्टर कालेज मौदहा में प्रवेश लूँगा। उन्होंने कहा 15 दिन रुको फिर अगर मन नहीं लगेगा तो ट्रान्सफर प्रमाण पत्र दिलवा दूंगा। मैं मान गया। इसी बीच श्रावण शुक्ल सप्तमी (जुलाई मास) तुलसी जयंती को विश्वविद्यालय का स्थापना दिवस था। उस दिन कालेज में सबसे बड़ा सांस्कृतिक कार्यक्रम होता था। जिसमें हमीरपुर शहर के बाकी तीन इण्टर कालेजों (इस्लामिया इण्टर कालेज, राजकीय कन्या इण्टर कालेज, राजकीय इण्टर कालेज) के सभी अध्यापक, सभी छात्र तथा जिलाधिकारी सहित सभी प्रशासनिक अधिकारी आते थे। लगभग

5000 श्रोता होते थे। मैं उस दिन सायंकाल विद्या मन्दिर इण्टर कालेज के चित्रकला के शिक्षक श्रद्धेय श्री गुरुशरण निगम जी के यहाँ बैठा था। उनकी धर्मपत्नी सुनीता बहिन जी राजकीय कन्या इण्टर कालेज में गणित की अध्यापिका थी। उनके घर में रक्खा बेन्जो (तंत्र वाद) मैं लेकर बजाने लगा, तो निगम जी मास्टर साहब ने मुझसे पूछा कि तुम अगर रात्रि कालेज प्रोग्राम में बजाओ तो मैं तुलसी जयन्ती समारोह सांस्कृतिक कार्यक्रम में तुम्हारा नाम दे देता हूँ। मैं पूज्य स्वामी शान्तिदेव जी महाराज (मेरे संगीत / अध्यात्म के गुरू) जी के साथ अनेक मंचीय कार्यक्रमों में शास्त्रीय गायन प्रस्तुत कर चुका था, इसलिए मैंने हामी भर दी। तुलसी जयन्ती समारोह में मैंने राग-काफी में शास्त्रीय गायन प्रस्तुत किया तथा बुल-बुल तरंग (बेन्जो) वादन भी प्रस्तुत किया। जोरदार तालियों की गड़गड़ाहट से मेरा अभिनंदन किया गया। इस्लामिया इण्टर कालेज के प्रधानाचार्य जी ने रु.10/- इनाम दिया। कालेज के लोक प्रिय, अत्यन्त प्रभावशाली प्रधानाचार्य श्री जगदेव प्रसाद विद्यार्थी जी ने मंच से मेरी 5 मिनट तक विस्तार से प्रशंसा की। उस प्रोग्राम के बाद में हमीरपुर शहर के जन जन, छोटे छोटे बच्चों के भी मध्य अत्यन्त प्रसिद्ध, लोकप्रिय हो गया। प्रोग्राम के दूसरे दिन प्रातः काल जब मैं लोटा लेकर प्रातर्विधि के लिये जा रहा था तो मुहल्ले के 50 छोटे बच्चे मेरे पीछे चलने लगे बोलने लगे-ओ "सा रे गा मा प ध नि" कहाँ जा रहे हो? अब मैं अपना गाँव भूल गया, मेरा इतना मन लग गया था कि 4 वर्ष कालेज जीवन में घर की याद कभी नहीं सताती थी। कालेज के हर बड़े कार्यक्रम में मेरा शास्त्रीय गायन, बुल-बुल तरंग बादन होता था।

2.

मेरा अनुभव

श्री विद्या मन्दिर इण्टर कालेज हमीरपुर में छात्र जीवन के दौरान मैं अपने प्रिय गुरुजनों श्री जागेश्वर सिंह यादव (उप प्रधानाचार्य), श्री चन्द्रपाल सिंह यादव जी, श्री चन्द्र शेखर तिवारी जी (अंग्रेजी प्रवक्ता), श्री सुरेन्द्र नाथ पाठक जी (अंग्रेजी प्रक्क्ता), श्री महेन्द्र नाथ पाठक, श्री राजकुमार सचान जी (रसायन प्रक्क्ता), श्री चन्द्रशेखर सचान जी (भौतिकी प्रवक्ता), श्री जयवीर सिंह जी (गणित प्रक्क्ता), श्री लखन लाल जोशी (हिन्दी प्रक्क्ता), श्री सीताराम गुप्ता (अंग्रेजी), श्री गिरिधर गोपाल शुक्ल (भौतिकी प्रवक्ता) श्री रघुराज सिंह जी (विज्ञान), श्री राम सिंहजी (विज्ञान), श्री गुरु शरण निगम जी, श्रीमती सुनीता बहिन जी (गणित), श्री प्रताप चन्द्र निगम जी (विज्ञान) का मार्गदर्शन एवं स्नेह, संरक्षण जिन्दगी में कभी नहीं भूल सकता। साथ ही कुँवर यदुनाथ सिंह जी हमीरपुर के तत्कालीन प्रतिष्ठित वकील एवं विद्या मन्दिर कालेज के प्रबन्ध समिति के सदस्य) जो एक वर्ष मेरे मकान मालिक भी थे, ने बुखार आने पर अपने बेडरूम में रखकर मेरी सेवा की थी, वे मुझे हमेशा याद रहेंगे। तीन वर्ष में राजकीय महाविद्यालय के प्राचार्य साहित्यकार आचार्य श्री केदारनाथ गुप्त जी के मकान में किराये से रहता था। वे मुझे अपने परिवार के बच्चे की तरह रखते थे। हम सभी बच्चों का दरबार लगता था। उनके बच्चे मुझसे बड़ा लगाव रखते थे। आचार्य केदारनाथ गुप्त जी रामभक्त थे। उनको मैं प्रातः 3 बजे अपना हारमोनियम निकालकर विनय पत्रिका के भजन सुनाता था। मुझसे बड़े प्रसन्न रहते थे। कक्षा 10 से मैं नीला कुर्ता एवं धोती पहनने

लगा था। धोती पहनने का मुझे शौक हो गया था। नीला रंग का ऊपरी परिधान कालेज के परिधान के रूप में निश्चित था। तुलसी जयन्ती समारोह में मेरी लोकप्रियता से प्रभावित होकर राष्ट्रीय स्वयंसेवक संघ (RSS) के तत्कालीन जिला-कार्यवाह जो मेरे हाईस्कूल व इण्टरमीडिएट के गणित प्राध्यापक थे, श्री जयवीर सिंह गौतम जी ने संघ स्वयंसेवक बनाने हेतु चयन कर लिया था। लगभग 2 वर्ष पश्चात् कक्षा 10 की बोर्ड परीक्षा के ठीक पहले 1 दिन मेरे सहपाठी श्री राजेन्द्र सिंह मुझे संघ की शाखा में ले गये। दो वर्ष तक मुझसे मित्रवत सम्बन्ध बनाने का प्रयास किया। कक्षा 10 वीं की परीक्षा देकर जून मास संघ के 30 दिवसीय संघ शिक्षा वर्ग में मैं चला गया। मैं एक दिन ही केवल शाखा गया था। लेकिन क्या हुआ कि संयोगवश जिस दिन स्वयंसेवक संघ शिक्षा वर्ग जाने वाले थे उस दिन मैं संघ कार्यालय ही रुका था। मैं संगीत की परीक्षा देने गाँव से हमीरपुर आया था। कार्यालय मेरे रिश्तेदार संघ कार्यकर्ता विशाल जी रहते थे। इसीलिए में कार्यालय रुक गया था। कार्यालय में तत्कालीन जिला प्रचारक श्री ओम प्रकाश तिवारी जी ने मजाक में कहा कि कार्यालय में तो आज वही रुकता है जो संघ शिक्षा वर्ग में जाता है। मैंने कहा कि अगर वर्ग में दाढ़ी वाले श्री गोलवलकर जी आयेंगे तो में चलूँगा। सबने बताया कि वे 3 दिन रहेंगे। बस मैंने हामी भर दी। गौतम जी मास्टर साहब ने 1 घण्टे में पूर्ण गणवेश आदि की तैयारी पूर्ण कर दी। वर्ष 1972 में यह वर्ग तिलकधारी महाविद्यालय, जौनपुर में था। मैं वर्ग में पहुंच गया। 30 दिन के संघ शिक्षा वर्ग में राष्ट्रीय स्वयं सेवक संघ की अनेक विभूतियों से प्रत्यक्ष परिचय आया। पू० सरसंघचालक श्री माधवराव सदाशिवराव गोलवलकर (श्री गुरुजी), मा० लक्ष्मणराव श्री कृष्ण भिड़े (प्रान्त प्रचारक), मा० प्रोफेसर राजेन्द्र सिंह जी (रज्जू भइया) उस समय सह क्षेत्र प्रचारक थे। डा० शंकरराव तत्त्ववादी जी (वर्ग के मुख्य शिक्षक), ठा० संकठा सिंह जी, मा० अशोक सिंहल जी

(तत्कालीन कानपुर संभाग प्रचारक) आदि। पूज्य माधवराव सदाशिव राव गोलवलकर जी का व्यक्तित्व अत्यन्त अलौकिक आकर्षक था। मैं उनके दर्शन की लालसा से ही वर्ग में गया था।

ईश्वर की लीला ही थी कि अगले वर्ष 1973 में संघ शिक्षा वर्ग के दौरान नागपुर में उनका देहान्त हो गया। 1973 में श्री जयवीर सिंह गौतम जी ने मुझे काफी जोर देकर कानपुर वर्ग में द्वितीय वर्ष हेतु भेज दिया। उसी समय जून में एक प्रख्यात तबला वादक श्री अंगद सिंह मुझे तबला सिखाने हेतु निश्चित किये गये थे। पूज्य स्वामी शान्तिदेव जी ने यह व्यवस्था की थी। किन्तु तबले की शिक्षा का अवसर फिर मेरे जीवन में कभी नहीं आया। 1974 में 12 वीं की परीक्षा देकर मा० रज्जू भइया की विशेष अनुमति से मे नागपुर संघ शिक्षा वर्ग - तृत्तीय वर्ष भेज दिया । जहाँ भारत के समूर्ण प्रान्तों से स्वयं सेवक, दो लोग उ०प्र० के जनसंघ के विधायक एवं एक लन्दन का कनू गोयल भी वर्ग में था। डा० हेडगेवार जी का पैतृक आवास भी देखा। मन में यह धारणा अंकित कर गयी कि संघ में अच्छे पढ़े लिखे लोग होते हैं। निष्कर्षतः राष्ट्रीय स्वयंसेवक संघ से भावानात्मक जुड़ाव होता चला गया। बौद्धिक कार्यक्रम मुझे ज्यादा पसंद आते थे।

वर्ग के उपरान्त 1975 में श्री गौतम जी ने मेरे सहपाठी सतीश चन्द्र त्रिपाठी (जो मुझसे व्यक्तिगत लगाव रखता था) को स्वयं सेवक बनाने की दृष्टि से (मेरा विचार न करते हुए) सनातन धर्म कालेज, कानपुर में मेरी आगे पढ़ने की योजना बनायी थी। पिता जी को भी मैंने कानपुर ही बताया था किन्तु पता चला कि सतीश सनातन धर्म कालेज, कानपुर में नहीं पढ़ेगा इसलिए फिर मेरे सभी शुभ चिन्तक प्रिय गुरुजन फूफा जी सहित इलाहाबाद विश्वविद्यालय में दाखिला चाहते थे, तो मुझे इलाहाबाद विश्वविद्यालय में पढ़ने हेतु भेजा। मेरे कक्षा 12 के साथी सहपाठियों में एक भी इलाहाबाद विश्वविद्यालय पढ़ने नहीं आया। इलाहाबाद आने पर पता चला कि प्रवेश

की अन्तिम तिथि पार हो गयी है। इलाहाबाद विश्वविद्यालय के पुरा छात्र एवं तत्कालीन कुलपति श्री राम सहाय (आई०ए०एस०) जी ने मेरे सादे कागज के आवेदन पर ही मेरा बी०एस-सी० (प्रथम वर्ष) में प्रवेश कर दिया। मा० कुलपति जी तुरंत मुझसे मिल लिए, मुझे टाइम नहीं लेना पड़ा। उन्होंने केवल मेरी इण्टरमीडिएट की अंकतालिका देखी। दो घंटे के अन्दर मेरी विज्ञान संकाय के डीन आफिस में प्रवेश शुल्क जमा हो गयी। आज जब मैं प्रवेश प्रक्रिया का तांडव देखता हूँ तो बड़ा आश्चर्य, दुःख होता है। प्रवेश होने के पश्चात मेरा डायमण्ड जुबिली छात्रावास में भी प्रवेश हो गया। इसी छात्रावास में मेरे गाँव के श्री कृष्ण दत्त समाधिया जी रहते थे (M.Sc. Physics) उनके स्नेह के कारण ही मैं डायमण्ड जुबिली में आया (सर सुन्दरलाल छात्रावास का साक्षात्कार छोड़ दिया था।) उनका महत्वपूर्ण संरक्षण मुझे आजीवन प्राप्त हुआ। आज भी वे मेरे व्यक्तिगत मार्गदर्शक हैं।

प्रवेश उपरान्त जुलाई मास मे ही मा० रज्जू भइया का प्रयाग महानगर संघ में प्रवास हुआ। बैठक में रज्जू भईया ने स्वयं तत्कालीन महानगर प्रचारक श्री वीरेश्वर जी से मेरा परिचय ''एक गीत गायक'' के रूप में कराया। इससे यह पता चलता है कि रज्जू भइया कैसे ध्यान रखकर एक-एक स्वयं सेवकों के गुणों को आगे बढ़ाने का प्रयास करते थे। प्रभात के कार्यक्रम में फिर मेरा ही गीत रज्जू भइया के बौद्धिक पूर्व हुआ। उसके बाद आजीवन रज्जू भईया के बौद्धिक के पूर्व मेरा ही गीत होता था, यदि मैं कार्यक्रम स्थान पर हूँ। मेरे जीवन का अत्यन्त आश्चर्यमय सुखद अद्वितीय रिकार्ड है।

3.

इलाहाबाद विश्वविद्यालय विद्यार्थी जीवन के 7 वर्ष

इलाहाबाद की भारद्वाज (सायं) शाखा का मुझे कार्यवाह बनाया गया। इसी शाखा के श्रद्धेय अशोक सिंहल जी, श्रद्धेय रज्जू भईया स्वयं सेवक रहे। राजमणि पाण्डेय (कक्षा 10) विद्यार्थी शाखा के मुख्य शिक्षक थे। उस समय वामपंथी छात्रों से हर प्रकार से टक्कर लेकर ही आप शाखा खड़ी कर सकते थे। प्रतिदिन मेरा 3-4 घण्टे समय संघ-कार्य में बीतता था। बी०एस-सी० (प्रथम वर्ष) की परीक्षा के समय 6 जून को प्रातःकाल तत्कालीन प्रधान मंत्री श्रीमती इन्दिरा गाँधी द्वारा देश में आपातकाल की घोषणा कर दी गई। राष्ट्रीय स्वयंसेवक संघ सहित देश के 75 संगठनों पर प्रतिबंध लगा दिया गया। ''मीसा'' एवं ''डी०आई०आर०'' जैसे कठोर कानून लगाये गये।

आपातकालीन संघर्ष काल

15 अगस्त 1975 के दिन मेरे डायमण्ड जुबिली छात्रावास में प्रातः 09 बजे ध्वजारोहण का कार्यक्रम था। आपातलीन विरोधी पर्चे गुप्त तरीके से मुझे रात में दरवाजे से खिसका कर पहुँचाना था। मुझे नींद आ गई मैं पहुंचा नहीं पाया। पर्चो का सन्दर्भ स्वतंत्रता दिवस से ही था। प्रातः मेरे दिमाग में एक उपाय सूझा, मैनें ब्लाक सेवक के द्वारा कपड़े के थैले में पर्ची

का थैला मेन गेट की सबसे ऊपर की छत में रखवा दिया। कार्यक्रम की घण्टी बजने पर हमारे अधीक्षक डा० कृष्णादत दीक्षित सर, वार्डन मेजर नारायण सिंह परिहार जी तथा मुख्य अतिथि पूर्व कुलपति डा० हरदेब बहारी सर (प्रख्यात साहित्यकार) एवं छात्रावास के सभी छात्र ध्वजारोहण हेतु एकत्रित हो गये। मैं चुपचाप छत के ऊपर चला गया। राष्ट्रध्वज फहराने के ठीक पहले मैंने ऊपर से स्टाइल से पंप्लेटिंग कर दी, जिससे सब लोग पर्चे उठा उठा कर पढ़ने लगे। सन्नाटा छा गया। अधीक्षक सर के निर्देश से छात्रावास के कार्यालय प्रमुख श्री दुर्गा प्रसाद सिंह जी (कांग्रेस के कार्यकर्ता थे) ऊपर गये तब तक में ऊपर से आ गया था । मा० मुख्य अतिथि जी ने अपने सम्बोधन में क्रान्तिकारी श्री सुभाष चन्द्र बोस जी का नाम लेते हुए अपरोक्ष रुप से मेरे कृत्य का समर्थन किया। बाद में डा० कृष्णदत्त दीक्षित सर ने अपने बंगले पर बुलाया और मेरा संघ गणवेश, डायरी आदि सब अपने पास रख लिया तथा मुझे दूसरे छात्रावास में जाकर परीक्षा देने के लिए कह दिया। कम्युनिष्ट छात्रों ने मेरे नाम की सूचना पुलिस में एस०पी० सिटी को जाकर दे दी। किन्तु राष्ट्रवादी विचारधारा के छात्र श्री कृष्ण दत्त समाधिया जी एवं अन्य भी अधीक्षक जी से कहा कि राजाराम यादव को आपको जैसे भी हो, बचाना है। आदरणीय डा० कृष्णदत्त दीक्षित जी ने अपनी सर्विस को भी दाँव में लगाते हुए मेरा बचाव किया। प्रो० दीक्षित जी ने मेरे लिए बहुत साहस का परिचय दिया था क्योंकि बचाने पर उनको भी मीसा के अन्तर्गत जेल मे डाले जाने का खतरा था। आपातकाल हटने के बाद जनता पार्टी की सरकार ने उनका सम्मान कार्यक्रम भी नहीं रखा। श्री कृष्ण दत्त समाधिया जी (मेरे गाँव के एम०एस-सी० भौतिकी के छात्र) ने मुझे बचाने में महत्वपूर्ण भूमिका निभायी थी। मैं दोनों महानुभावों को जिन्दगी में कभी भूल नहीं सकता। श्री कृष्णदत्त जी भारत सरकार में उप सचिव पद से अवकाश प्राप्त हुए। पुलिस प्रशासन प्रधान मंत्री इंदिरा गांधी द्वारा निलंबित

कर दिया गया। 15 अगस्त की सायंकाल भेष बदल कर (बेल बाटम एवं टी-शर्ट, टोपी) के०पी०यू०सी० छात्रावास में अपने स्वयंसेवक श्री राजेन्द्र प्रताप सिंह जी के कमरे में रहकर बी०एस-सी०-I की परीक्षा दी। श्री राजेन्द्र प्रताप सिंह जी उ०प्र० के पी०सी०एस० अधिकारी पद से अवकाश प्राप्त हुए। झूँसी (प्रयागराज) रहते हैं। परीक्षा देकर 15 दिनों के लिए मैं चुपचाप गाँव चला गया। तब तक शासन मेरे विषय में हताश हो गया था। इसके बाद मेरे लिए सत्याग्रह के अनुसार दूसरी योजना बनी। इसी बीच मेरी भेंट नये प्रयाग महानगर प्रचारक डा० अमर सिंह जी, विभाग प्रचारक श्री ओंकार भावे जी, मा० रज्जू भइया से भी हुई। फूलपुर तहसील के बौद्धिक प्रमुख श्री लाल जी द्विवेदी जो गोमती इण्टर कालेज फूलपुर में अध्यापक थे, संघ की योजनानुसार अपनी साइकिल लेकर प्रयाग आये। मुझे साइकिल में बैठाकर आपातकाल विरोधी पर्चे लेकर अपने गाँव करुआडीह (फूलपुर) तहसील-प्रतापपुर ब्लाक ले गये। अब मैंने अपना नाम ''रमेश'' रख लिया था। रात में उनके घर पर रुके। मेरा रमेश नाम से ही परिचय कराया। फिर प्रातः काल अपनी साइकिल में बैठाकर सिकन्दरा के पास कनहटी गाँव में वहाँ के संघचालक श्री भइयाराम यादव जी के घर छोड़ दिया। भईया राम यादव जी के गाँव में युवाओं को गुपचुप तरीके से आपातकाल विरोधी पर्चे दिये। फिर दोपहर बाद फूलपुर तहसील के कार्यवाह श्री सूर्यनारायण सिंह के पास एक छात्र मुझे लें गया। सूर्यनारायण सिंह जी की मिट्टी से बनी खेतों के बीच में कुटिया थी। अपने माँ के साथ में वहीं रहते थे, कमलानगर इण्टर कॉलेज में अध्यापक थे। लगभग 20 दिन जून के महीने मैंने आस-पास के 30 गाँवों की पैदल यात्रा की। आपातकाल विरोधी प्रचार किया। सिकन्दरा में श्री राधाकान्त ओझा जी (वर्तमान में हाईकोर्ट इलाहाबाद के विख्यात एडवोकेट हैं तथा बार एसोशियेशन के अध्यक्ष भी रह हैं), अपने घर में 10 बजे रात ले गये और बत्ती बुझाकर भोजन कराया। उनके पिता जी काँग्रेसी

थे, इसलिए उनको बिना बताए, भोजन कराना था। राधा कान्त शाखा जाते थे। इस आपातकाल के दौरान मैं गिरफ्तारी से बाल-बाल बचकर संघर्ष काल गुजरा। जनता पार्टी के नेता डा. सुब्रमण्यम स्वामी जी का लोकसभा भाषण भी पुस्तिका के रूप में छपवाकर हमने बाँटा। बाद में डा० स्वामी, इन्दिरा गाँधी जी को चकमा देकर हारवर्ड विश्वविद्यालय चले गये। हमारे आदरणीय गुरु प्रो० मुरली मनोहर जोशी जी को दूसरे दिन ही उनके आवास से गिरफ्तार कर लिया गया। हमारे मण्डल कार्यवाह उस समय शोध छात्र डा० भारती अग्रवाल जी को भी गिरफ्तार कर लिया गया था। उनके पूज्य पिता जी हमारे आदरणीय गुरु जी एवं राष्ट्रीय स्वयं सेवक संघ के प्रान्त कार्यवाह डा० राजेन्द्र प्रसाद अग्रवाल जी को भी गिरफ्तार कर लिया गया था। पूर्व प्रधानमंत्री चौधरी चरण सिंह जी की विधान सभा में प्रतिपक्ष के नेता रूप में दिये गये भाषण को भी पुस्तिका छपा कर गाँव मे गुपचुप तरीके से वितरित किया गया था। आज भी इन पुस्तिकाओं की एक-दो प्रतियाँ मेरे पास रखी हैं। वे कठिनाई के दिन थे, 5 लोगों का एक साथ बैठकर बातचीत करना भी खतरे से खाली नहीं था। अंततः 28 महीनों के बाद आपातकाल हटाया गया और चुनाव हुआ। रात में 12 बजे कमिश्नर के आवास को पीटकर वोटर लिस्ट हम लोगों ने निकलवायी। मैंने पहली बार वोट डाला था। उत्तर प्रदेश की सभी 85 सीटें जनता पार्टी जीत गयी थी। केन्द्र में तथा उत्तर प्रदेश में भी जनता पार्टी की सरकार बनी। जनता पार्टी ने ग्रामीण भारत के लिए बहुत अच्छे काम किये। भारतीय प्रशासनिक सेवा में हिन्दी का प्रवेश किया गया। उ०प्र० सरकार में श्री राम नरेश यादव को मुख्यमंत्री बनाया गया। चकबन्दी जैसी अनेक योजनाएं लागू की गयीं। इस प्रकार आपात स्थिति से गुजरने के बाद पुन: अपनी सामान्य जीवन यात्रा प्रारम्भ हुई। 1979 में एम०एस-सी० की परीक्षा भौतिक शास्त्र (M.Sc. - Physics, Spectroscopy) से प्रथम श्रेणी में उत्तीर्ण की। पहली बार

अल्मोड़ा से लोकसभा में सांसद बने अपने गुरु प्रो० मुरली मनोहर जोशी जी ने एम०एस-सी० में Spectroscopy पढ़ाई। सदन चलते समय रविवार को दिल्ली से आकर क्लास लेते थे। बहुत अच्छा पढ़ाते थे। फिर मैंने प्रो० सुशील कुमार कॉर के निर्देशन में Ultrasonics (अल्ट्रासाउण्ड) पर पी-एच०डी० की। एम०एस-सी० पास करने के बाद मेरा बिहार के एक बेतिया डिग्री कालेज में लेक्चरर पद नियुक्ति हो गयी थी। किन्तु आदरणीय रज्जूभइया जी ने कहा कि तुम्हारे लिए बिहार नहीं है, पी-एच०डी० करो। फिर में संशय रहित होकर रिसर्च करने लगा। 1983 जून तक (3 वर्ष) मैंने रिसर्च किया। पी-एच०डी० के लिए काम पूरा हो गया था। इसी बीच में मेरी तेल एवं प्राकृतिक गैस आयोग (ONGC) में भूभौतिकविद (कूप) (Geophysicist-Wells) के पद पर नियुक्ति हो गयी। यह ग्रुप-ए की पोस्ट थी, विश्वविद्यालय के लेक्चरर से उसका वेतनमान बहुत ज्यादा था। मैंने पढ़ाई के दौरान आई०ए०एस० पी०सी०एस० (भारतीय या प्रान्तीय प्रशासनिक सेवा) का फार्म कभी नहीं भरा था, इन्जीनियरिंग में भी मेरी रुचि नहीं थी। उस समय इलाहाबाद विश्वविद्यालय में प्रशासनिक सेवाओं में जाने का जबरदस्त वातावरण था। एम०एस-सी० (भौतिकी) के प्रत्येक बैच से कम से कम पाँच आई०ए०एस० (IAS) जरूर होते थे। फिर आई०एफ०एस० (IFS) आदि बहुत होते थे। छात्रावास के अन्तःवासियों को आश्चर्य होता था जब मैं अपना उद्देश्य विश्वविद्यालय में प्रोफेसर होना बताता था। किन्तु सबकी सलाह से मैंनें जुलाई 1983 में ओ०एन०जी०सी० ज्वाइन कर ली। असम के नाजिरा (शिवसागर जिला) केन्द्र में नियुक्ति हुई। यहाँ उ०प्र० के कई लोग थे। असम के संघ कार्य का भी अनुभव आया। मैं शिवसागर जिले का बौद्धिक प्रमुख था। असमिया भाषा भी मैंने सीख ली, परीक्षा पास की 80% अंक मिलने पर मुझे भारत सरकार से 2000/- रुपये पारितोषिक भी दिया गया। इस दौरान कभी-कभी मेरी माँ भी साथ में रहती

थी। ओ०एन०जी०सी० में कार्य करते समय 1986 में मैनें International Congress on Acoustics में रिसर्च लेक्चर देने के लिए टोरन्टो विश्वविद्यालय (कनाडा) की विदेश यात्रा भी की। सबको बहुत आश्चर्य था कि मात्र 3 वर्ष की सर्विस होने पर ही ओ०एन०जी०सी० ने डा० राजाराम यादव को विदेश यात्रा स्वीकृत कर दी। ओ०एन०जी०सी० का सिस्टम अभूतपूर्व था। चेयरमैन कर्नल एस०पी० वाही ने ओ०एन०जी०सी० की नीतियों में आमूलचूल परिवर्तन किया था। जिसका परिणाम था कि उनके 4 साल के ही कार्यकाल के दौरान देश का 3.7 मिलियन टन तेल उत्पादन बढ़कर 72 मिलियन टन हो गया। टोरन्टो (कनाडा) यात्रा में 1986 में ओ०एन०जी०सी० मुझे 175 अमेरिकन डालर प्रति दिन के हिसाब डी० ए० (दिवसीय भत्ता) देती थी।

हवाई जहाज में मैंने प्रथम श्रेणी (executive class) में यात्रा की थी। सम्पूर्ण धन यात्रा के पहले ही मुझे भुगतान कर दिया गया था। ओ०एन०जी०सी० में अनेक मित्रों ने मुझे प्रभावित किया। हमारे सेक्सन हेड श्री शारदा प्रसाद प्रसाद जी, पी० एल० नागर जी, श्री सुरेन्द्र सिंह जी, श्री मुकेश अग्रवाल, श्री ए०एस० बोरा जी, डा०के०जे० सिंह, प्रो० प्रहलाद कुमार मिश्रा जी, श्री प्रेमशंकर भट्ट जी, श्री डोभाल जी, श्री शिवकांत मिश्र, श्री बी. आनंद रेड्डी, डा० वाई० डी० कौशिक जी. श्री हरीश चड्ढा जी, डा० भारती अग्रवाल, श्री अशोक कुमार जी, श्री पी०वी० रमन राव, योगेश जी, पी०के० गुप्ता जी, श्री आर०के० सैनी साहब, श्री अशोक श्रीवास्तव, श्री अशोक सक्सेना जी आदि। 1983-1988 तक मैनें ओ०एन०जी०सी० में कार्य किया। शास्त्रीय संगीत के गायक के रूप में मैं काफी लोकप्रिय भी था इस दौरान असम प्रान्त के संघ कार्य का भी अच्छा अनुभव आया। मैं सायं शाखा में ही प्रायः जाता था। शिशु स्वयंसेवकों के साथ खेलता था। मा० श्यामल कान्ति सेनगुप्ता जी हमारे विभाग कार्यवाह थे। चाय बागान

मैनेजर हमारे श्री पृथ्वीराज लाहोटी (राजस्थानी) जिला कार्यवाह थे। वे बागान में गोशाला भी चलाते थे। गाय का शुद्ध दूध वहीं से अपने को आता था। विद्यार्थी परिषद के हमारे जयसागर कालेज के प्रोफेसर रत्नेश्वर देवरी जी थे। लोकेश्वर गोगोई जी नगर संघ-चालक थे। मा० श्री कान्त जोशी जी- प्रान्त प्रचारक थे, मा० मधुकर लिमये जी सह प्रान्त प्रचारक थे दोनों ही बम्बई विश्वविद्यालय से एम०ए० करने के बाद असम में संघ कार्य हेतु आये थे। श्री गौरी शंकर चक्रवर्ती विभाग प्रचारक थे। मा० शशिकान्त चौथाई वाले (नागपुर से) मा. श्री कान्त जोशी जी के अखिल भारतीय प्रचार प्रमुख होने के बाद प्रान्त प्रचारक हो गये थे।

4.

असम नाजिरा शिवसागर संघ कार्य के कुछ विशेष अनुभव

असम में ओ०एन०जी०सी० में कार्य करने के दौरान सायं शाखा के छात्र स्वयं सेवकों में मेरी गहरी रुचि थी। संघ कार्य में परिवार भाव का जबर्जस्त अनुभव आया। मा० श्यामलदा जो एल०आई०सी० में कार्य करते थे, बहुत ही अनुभवी और हम सबकी चिन्ता करने वाले आदेश विभाग कार्यवाह थे। उनके सभी पुत्र सायं शाखा में दायित्व धारी कार्यकर्ता थे। उनका घर सभी स्वयंसेवकों का घर था। कोई भी स्वयं सेवक उनके घर बिना स्वल्पाहार के नहीं आता था। संघ कार्यालय था, लेकिन अति सामान्य। हमारे जिला प्रचारक श्री अशोक नारायण यादव, श्री नन्द कुमार जोशी (नागपुर से), श्री यतीन्द्र शर्मा जी, नगर विस्तारक विपुल सैकिया, फणी बुकन बोरा सभी स्वयं सेवकों के घर पर ही भोजन करते थे। शायद ही कोई ऐसा दिन रहता होगा जब हम लोग श्यामलदा के घर न जाते हों। श्यामलदा भाइयों में सबसे बड़े थे उनके पिता जी छात्र जीवन मे ही गुजर गये थे। सभी भाइयों को उन्होंने ही पढ़ाया-लिखाया था। उनके एक भाई सरकारी डाक्टर थे, एक भाई ओ०एन०जी०सी० में इन्जीनियर थे (सितु दा), एक भाई अरुणाचल में, एक भाई कलकत्ता में थे (सिन्दु दा)। उनका बड़ा लड़का बड़ौदा में (शिवराज) इन्जीनियर है, दूसरा सव्यसाची सेन गुप्ता (बुबुन) कलकत्ता में एकाउन्ट अफसर है। सबसे छोटा (ततई) विदेश में सर्विस कर रहा है। एक लड़की जिसका नाम संघमित्रा है, किन्तु हम लोग

उसको तोता कहते थे। पुणे में हैं। आदर्श संघ परिवार था।

श्यामल दा परिवार

मेरे अनुभव के अनुसार असम में संघ कार्य का विस्तार श्यामल दा जैसे संघ परिवारों के बल पर अनेक कठिनाइयों होते हुए भी हो सका है। श्यामल दा असम में हमारे लिए एक पिता से भी बढ़कर थे। मेरी माँ तो दिनभर श्यामल दा के घर पर ही रहती थी। श्यामल दा सपरिवार मेरे मामा की लड़की की शादी में उत्तर प्रदेश भी आये थे। भीषण गर्मी में भी पूरी शादी में वो रहे। उनके बच्चे भी आये थे। बहुत आनंद आया था। रिटायरमेन्ट के बाद यह परिवार कलकत्ता चला गया। वी०आई०पी० रोड (हवाई अड्डे के पास) सभी भाइयों ने एक-एक फ्लैट खरीद लिया था। उनके कार्य व्यक्तित्व को देखते हुए अनको असम-बंगाल का क्षेत्र कार्यवाह बनाया गया। उनकी बेटी संघमित्रा (तोता), सुपुत्र संच्यसाची सेनगुप्ता (बुबुन), भतीजी टुनटुनी, तोता के विवाह में हम और हमारी माता जी, पिता जी कलकत्ता गये थे। एक मेरे विद्यार्थी जीवन के संघ कर्ता श्री चारुदत्त सिंह (IFS) कलकत्ता पदस्थ हुए, तो श्यामलदा से पारिवारिक रिश्ता हो गया। इसी बीच जब मा० अटल बिहारी वाजपेयी जी प्रधानमंत्री थे और मा० लालकृष्ण आडवाणी जी गृह मंत्री थे उसी बीच एक दुर्दान्त घटना घटी। श्यामल दा और तीन अपने संघ कार्यकर्ताओं का त्रिपुरा में आतंकवादियों ने शिशुमन्दिर में अपहरण कर लिया। केन्द्र की सरकार उनको मुक्त कराने का कोई उपाय नहीं कर सकी। वे 1 करोड़ धन की माँग कर रहे थे। पत्रव्यवहार की छूट दिये थे संघ ने पैसा भेजना उचित नहीं समझा। अन्ततः श्यामल दा सहित चारों कार्यकर्ता जो घुट-घुट कर जी रहे थे, दो वर्ष पश्चात आतंकवादियों ने उनकी हत्या कर दी। केरल की तरह यह संघ के इतिहास का काला अध्याय था। मुझको, हम सबको बहुत गहरा आघात लगा। आज भी श्यामलदा एवं उनके परिवार की याद आते ही

आँसू आये बिना नहीं रहते। जब भी मैं कलकत्ता जाता हूँ। श्यामला दा के बच्चों के यहाँ जरूर जाता हूँ। उनके एक बेटे सव्यसाची सेनगुप्ता (बुबुन) से गहरा लगाव था। श्यामलदा और मेरे गाँव का परिवार दोनों एकात्म हो गए। नाजिरा में शरतचन्द्र बरठाकुर (गगनदा) मण्डल कार्यवाह थे। वे ओ०एन०जी०सी० में सिविल इन्जीनियर थे। नाजिरा में बहुत सुन्दर उनका निजी मकान है। उनके चार सुपुत्र थे सभी शाखा जाते थे। एक पुत्र सिद्धार्थ बरठाकुर, जब मैं 1988 में असम छोड़कर इलाहाबाद आया तो वह मेरे साथ इलाहाबाद पढ़ने के लिए आ गया था। इलाहाबाद में ही रहकर आई०ई०आर०टी० से इन्जीनियरिंग की पढ़ाई की थी। पढ़ाई के दौरान बरसात में मेरे गाँव भी गया था। प्रारम्भ से उसकी रुचि व्यवसाय में थी, इसलिए शिक्षा पूरी होने के पश्चात गुवाहाटी में अपना व्यवसाय स्थापित किया। असम क्षेत्र में संघ कापलिय कार्य के दौरान अनेक स्थानों की यात्रा की। डिब्रूगढ़, तिनसुकिया, मोरान, जोरहाट, नलवाड़ी, दीमापुर, तवांग, नौगाँव, हाफलांग, शिलांग, तेजपुर आदि अनेक स्थानों की यात्रा की। शिवसागर में संघ से संबन्धित अनेक असमियाँ भाषी, बिहारी, राजस्थानी परिवारों से सम्पर्क आया। आज भी एक असमिया भाषी परिवार है, उस समय के स्कूल में पढ़ने वाले देवाशीष बरठाकुर, जुम, गीटू आदि के घर में अक्सर जाता था। इस परिवार में संगीत होता था। बच्चों की माँ सितार बजाती थी। अब यह परिवार गौहाटी में रहता है, जब भी जाता हूँ देवाशीष बरठाकुर के घर जाता हूँ, अब इनके भी बच्चे हैं। प्रफुल्ल कुमार दास, विकास कुमार, सुरेश बरठाकुर आदि अनेक परिवारों से, जुगुल किशोर विहती, रत्नेश्वर देवरी अनेक कार्यकर्ताओं से गहरा सम्बन्ध स्थापित हो गया था। नागालैण्ड में भी हम लोगों ने नई दो संघ-शाखा खड़ी की थी। असम के गाँवों में संघ कार्य हेतु रात्रि में भी मैं ठहरता था।

रोचक अनुभव

एक बार मैं असम के गाँव में संघ के कार्यक्रम हेतु गया था। अपने कार्यकर्ता के घर विश्राम किया। प्रातःकाल बौद्धिक का कार्यक्रम था। प्रातः जागरण के बाद मैंने शौच क्रिया हेतु बाहर जाने के लिए पानी मांगा तो अपने कार्यकर्ता बोले *"अपनि किर्या कारणे पानी लागिवी"* (आपको किस बात के लिए पानी चाहिए) मैंने कहा *"मुक प्रातर्विधि (शौचक्रिया) कारण पानी लगिबो"* अपने कार्यकर्ता को बड़ा आश्चर्य लगा वो बोले- *"इमान गाछ पात आसे तितियाहुले पानी लागवो?"* मतलब पेड़ के पत्ते हैं तब भी पानी की जरूरत? यह मेरे लिए अप्रत्याशित अनुभव था। असम के मूल निवासी बहुत हृदयवान, सरल किन्तु स्वाभिमानी होते हैं यह ध्यान में आया। शिवसागर (असम) में शिवदोल का मेला और वह ज्योतिषी, शिवसागर में ऐतिहासिक शिवजी का मन्दिर है, वहाँ 10 दिवसीय बहुत बड़ा मेला लगता है। अपनी पूज्य माँ एवं कुछ बाल स्वयं सेवकों के साथ मैं भी एक दिन मेला देख रहा था। मेले में एक ज्योतिषी बैठा हुआ था। वह हस्त-रेखा विशेषज्ञ था। मैंने अपना हाथ उसको दिखाया उसने कहा आप बहुत शीघ्र विदेश यात्रा करेंगे। मेरी कोई योजना भी नहीं भी। तीन वर्ष ही मुझे ओ०एन०जी०सी० में आये बीते थे। किन्तु उसकी बात सत्य सिद्ध हुई। मैंने 1986 में कनाडा गया। उसी समय मेरी माँ ने मेरी शादी के बारे में उस ज्योतिषी से चार बार लगातार पूछा कि शादी कब होगी लेकिन शादी के प्रश्न पर वह चुप हो गया। अंततः मेरा विवाह नहीं हुआ। उसकी भविष्यवाणी आज भी मेरे मन में अंकित है। इसीलिए में हस्त-रेखा विज्ञान पर विश्वास करता हूँ।

देश की एकता अखंडता के लिए राष्ट्रीय स्वयंसेवक संघ के प्रचारकों-मा० सुदर्शन जी, मा० मधुकर लिमये जी, मा० श्री कान्त जोशी जी, मा० शशिकान्त जी चौथाई वाले, आदि अनेकों ने घोर तपस्या की

है इसका प्रत्यक्ष अनुभव आया। असम में संघ कार्य अत्यन्त कठिन था। सभी प्रचारकों ने मुझे प्रभावित किया है। इसी दौरान शिवसागर में पूरे असम प्रान्त के सभी स्वयंसेवकों का पू० सरसंघचालक मा० बालासाहब देवरस जी का कार्यक्रम था। मुझे पहली बार भोजन विभाग दिया गया था। उसी कार्यक्रम में मा० बालासाहब देवरस जी रामजन्म भूमि (अयोध्या) के ताला खुलने की खबर दी थी। असम कार्यकाल के दौरान तिन्सुकिया संघ शिक्षा वर्ग में गणशिक्षक होकर में गया था। वर्ग के दौरान 32 जनजातियों की भाषाओं में डा० केशव राव बलिराम हेडगेवार जी की संक्षिप्त जीवनी छपनी थी। मा० सुदर्शनजी (पूर्व सरसंघचालक जी) ने मुझे हिन्दी में इसको लिखने के लिये कहा । मैंने वर्ग के दौरान ही इसको पूरा किया। असम जाने के बाद मैंने कुछ ही समय में असमिया भाषा सीख ली थी।

इस प्रकार ओ०एन०जी०सी० में लगभग 6 वर्ष तक कार्य करते हुए मैंने जिला बौद्धिक प्रमुख दायित्व के साथ संघ कार्य का अविस्मरणीय अनुभव प्राप्त किया। 1988 के अन्त में डा० हेडगेवार शताब्दी वर्ष मनाया जा रहा था। अपने उ०प्र०के प्रान्त प्रचारक मा० जयगोपाल की, तथा तत्कालीन संभाग प्रचारक मा० श्री कृष्णदास माहेश्वरी जी को छात्रजीवन में दिये गये वचनानुसार ओ०एन०जी०सी० से त्यागपत्र देकर प्रचारक जीवन में प्रवेश किया। मैं चाहता तो छुट्टी लेकर प्रचारक होता। यहीं उनकी सलाह भी थी किन्तु मेने एक कठोर निर्णय किया। मेरे ओ०एन०जी०सी० के जी०एम० तथा सभी सहकर्मी मित्रों को अत्यन्त आश्चर्य हुआ। क्योंकि अनेक दृष्टियों से ओ०एन०जी०सी० की जॉब उत्कृष्ट कोटि का था। विश्वविद्यालय के लेक्चरर से उसकी सेवा सुविधाएं कई गुना श्रेष्ठ थी। मुझे प्रयाग महानगर में प्रचारक के रुप नियुक्त किया गया।

5.

प्रयागराज में प्रचारक जीवन का कार्यकाल [1988-92]

1988 दिसम्बर से जून 1992 तक मैं प्रयागराज में प्रचारक रहा। यह वह जमाना था जब महानगर प्रचारक के लिए स्कूटर स्वीकृत नहीं था, किन्तु चूँकि मैं ओ०एन०जी०सी० में कार/जीप से ही चलता था इसलिए मेरी परिस्थिति को देखते हुए स्कूटर की विशेष अनुमति दी गई। विद्यार्थी जीवन के समय से आदरणीय डा० अमर सिंह जी मेरे विभाग प्रचारक थे। मा० दास जी संभाग प्रचारक थे। मा० जयगोपाल जी प्रान्त प्रचारक थे। पूरे क्षेत्र में डा० अमर सिंह जी भौतिक शास्त्र में पी-एच० डी० थे। पूरे प्रान्त में मेरा उदाहरण दिया जाता था। अंत के दो वर्षों में मेरे प्रान्त प्रचारक मा० ज्योति स्वरूप जी थे। वे जम्मू-कश्मीर के प्रचारक थे। वहाँ से पूर्वी उत्तर प्रदेश आये थे। मा० जयगोपाल जी दिल्ली-हरियाणा - पंजाब के क्षेत्र प्रचारक होकर चले गये थे। ज्योति जी बहुत कुशाग्र बुद्धि सम्पन्न प्रचारक थे। विश्वविद्यालय के छात्रों के बीच में बहुत उत्कृष्ट तरीके से विषय रखते थे। प्रचारक जीवन के दौरान मा० अशोक सिंहल जी, मा० रज्जू भइया प्रयाग प्रायः आते थे तो आत्मिक मार्गदर्शन प्राप्त होता था। मा० ओम प्रकाश जी क्षेत्र प्रचारक होकर आये। मा० ज्योति जी, मा० ओम प्रकाश जी कार्य क्षेत्र का दौरा करते थे। मेरे साथ में श्री शिवकेश मिश्र जी, श्री श्याम

लाल यादव जी नगर प्रचारक के रूप में कार्य किये थे। दोनों देश के बहुत बड़े पत्रकार हैं। श्री श्याम लाल यादव को राष्ट्रीय, अंतराष्ट्रीय अनेकों पुरुस्कारों से सम्मानित किया जा चुका है। दोनों दिल्ली में ही स्थायी रुप से रह रहे हैं। श्री हृदयेश जी (कानपुर) भी साथ में नगर प्रचारक रहे। शारीरिक विभाग उनका उत्कृष्ट था। आजकल प्रसिद्ध कथा वाचक हैं। रामजन्म भूमि मुक्ति आन्दोलन मेरे प्रचारक जीवन काल में ही हुआ था।

6.

कार सेवकों पर गोलियों की बौछार के बीच रामकृपा से बची थी जान

श्री राम जन्म भूमि मुक्ति आन्दोलन के महानायक ये माननीय श्री अशोक सिंघल जी। उस समय विश्व हिन्दू परिषद के अंतर्राष्ट्रीय महामन्त्री थे। राष्ट्रीय स्वयं सेवक संघ के अखिल भारतीय प्रचार प्रमुख मा० मोरापंत पिगले एवं मा० अशोक सिंहल जी सारी योजना, देश व्यापी आन्दोलन के सूत्रधार थे। मेरी स्मृति में 1990 का वह विशाल जनसमूह आज भी याद है, जब कार सेवा के लिए लंबा कारवाँ अयोध्या की और पैदल चल पड़ा। मा० अशोक सिंहल जी को मैंने एवं विभाग प्रचारक डा० अमर सिंह जी ने बदले वेश सफारी सूट में फियेट कार में बालसन चौराहे पर प्रयागराज से विदा किया था। चलते समय उन्होंने कहा था जब तक रक्त की बूँदे पृथ्वी पर नहीं गिरतीं तब तक हिन्दू समाज में ज्वार नहीं आ सकता। वे गाँव के रास्ते अयोध्या पहुँचे थे। रेलगाड़ियाँ सरकार ने अयोध्या मार्ग पर बन्द कर दी थी। संघ के प्रचारक के रुप में इस पुनीत कार्य की व्यवस्था का जिम्मा मुझ पर भी था। इस विशाल जनसमूह का नेतृत्व जगद्गुरु शङ्कराचार्य वासुदेवानंद सरस्वती जी कर रहे थे।

अधिकांश कार सेवकों को गंगापार फाफामऊ में ही गिरफ्तार कर लिया गया था। लेकिन कुछ लोग गाँव के रास्ते पैदल चलकर अयोध्या पहुंचने में सफल रहे। 29 अक्टूबर 1990 को अनेक प्रांतों से आये कार

सेवकों की विदाई के बाद 31अक्टूबर 1990 को प्रयाग से विद्यार्थी परिषद के संघटन मंत्री श्री अशोक जी सहित हम 7 कार्यकर्ता गाँवों के मार्ग से अयोध्या कारसेवा के लिए निकल पड़े। 90 किमी का यह मार्ग हम सबके लिये अपरिचित था। लेकिन रामकृपा से निर्वाध रुप से चलते गये। रास्ते के गाँवों में भक्तों ने साक्षात भगवान राम मानकर सेवा की। 31 अक्टूबर को रास्ते में अयोध्या पहुँचे कार सेवकों द्वारा बाबरी ढांचे के गुम्बद के ऊपर विजय ध्वज फहराये जाने की सूचना मिली। इस सूचना ने मन में असीम साहस एवं उर्जा का संचार किया। नवम्बर की पहली तारीख थी जब हम भगवान राम की जन्मस्थली अयोध्या पहुँच गये। सायंकाल का समय था मनीराम छवनी परिसर में अशोक सिंहल जी दो नवम्बर 1990 को रामजन्म-भूमि परिसर घेरकर कब्जा करने का आह्वान कर रहे थे। छावनी में एकत्र जनसमूह इतना विशाल था कि गेट से प्रवेश कर पाना संभव नहीं था। इसलिए हम लोग बाउण्ड्री के सहारे छत पर जाकर आन्दोलन के नायक अशोक सिंहली का उद्‌बोधन सुनने लगे। 2 नवम्बर को योजनानुसार हनुमान गढ़ी वाले मुख्य मोर्चे में कारसेवा के लिए हम लोग आगे बढ़ गये। हम लोग मुख्य सड़क पर प्रवेश करने ही वाले थे कि छतों के ऊपर से गोलियों की बौछार होने लगी।

प्रभुराम को मुझसे कुछ और भी कार्य करवाना था ऐसे में देवीय संयोगवश मैं बच गया। करीब घण्टे भर बाद परमहंस रामचन्द्र दास महाराज की जीप आई और शहीद कोठारी बन्धुओं के शव सहित घायल कार सेवकों को ले गई। इसके बाद हम धीरे-धीरे पुलिस से बचते हुए कारसेवक पुरम पहुँच गये। योजनानुसार ह्मारे मोर्च में विश्व हिन्दू परिषद के किसी नेता को नहीं भेजा गया था ताकि गोली चलने की परिस्थिति उत्पन्न हो सके।

31 अक्टूबर को प्रमुख कारसेवकों द्वारा गुम्बद के ऊपर विजय ध्वज फहराया गया था लेकिन मा० मुलायम सिंह यादव के नेतृत्व की सरकार

ने गोली नहीं चलायी थी। कारसेवकों का समर्पण अलौकिक था। तीन नवम्बर को सरकार के साथ से हुए समझौते के अनुसार हम लोगों को रोडवेज की बसों से प्रयागराज भेज दिया गया। कार सेवा का असली उद्देश्य पूरा हो चुका था। राम जन्म भूमि आन्दोलन के दौरान कारसेवा का यह अनुभव स्मृति पटल पर हमेशा के लिये अंकित है। सम्पूर्ण देश से आये कार सेवक मित्रों की याद आती रहती है। इसके बाद उसी वर्ष उ०प्र० विधान सभा का चुनाव था। राजनैतिक लाभ हेतु कार सेवकों के अस्थि कलश को गाँव-गाँव घुमाया गया और मा० कल्याण सिंह जी के नेतृत्व में भारतीय जनता पार्टी की सरकार बनी।

दिसम्बर 1988 से जून 1992 के दौरान प्रचारक के रुप में कार्य करने के दौरान अनेकों अनुभव प्राप्त हुए जिनसे मन में यह निश्चय हो गया कि आजीवन प्रचारक के रुप में कार्य करना कठिन होगा। मा० रज्जू भइया एवं डा० अमर सिंह जी की भी मुझसे आजीवन प्रचारक के रूप में कार्य करने की अपेक्षा नहीं थी। इसी दौरान जनवरी 1991 में भारतीय जनता पार्टी के वरिष्ठ नेता मा० नाना जी देशमुख ने म०प्र० सरकार के सहयोग से ग्रामीण संरचना की परिकल्पना पर आधारित चित्रकूट ग्रामोदय विश्वविद्यालय की स्थापना की थी। मा० रज्जूभइया एवं प्रो० मुरली मनोहर जोशी जी (श्रद्धेय मेरे एम०एस०सी० के गुरू जी) ने मा० नानाजी के निर्देशन में चित्रकूट ग्रामोदय विश्वविद्यालय में विज्ञान संकाय स्थापना हेतु भेज दिया। और मैंने उनकी आज्ञा शिरोधार्य कर जुलाई 1992 में चित्रकूट ग्रामोदय विश्वविद्यालय में नियुक्ति ले ली।

7.

चित्रकूट ग्रामोदय विश्वविद्यालय, चित्रकूट जि० सतना म० प्र० में अध्यापक के रूप में (संत कार्य एवं अन्य सामाजिक कार्य)

[1992-1996]

यद्यपि भौतिकी प्रवक्ता एवं विज्ञान संकाय के अध्यक्ष पद मेरी नियुक्ति विश्वविद्यालय के मा० कुलपति प्रोफेसर राजनारायण कपूर जी ने जनवरी 1992 में ही कर दी थी लेकिन पूर्ण रूप से निश्चिय करके जुलाई 1992 में मैंने चित्रकूट ग्रामोदय विश्वविद्यालय ज्वाइन कर लिया। संघ कार्य की दृष्टि से यह स्थान महाकौशल (म०प्र०) में आता है। प्रारम्भ में में चित्रकूट के सन्तोषी अखाड़ा में ही रहता था क्योंकि उसके वर्तमान में महन्त पू० रामजी दास जी अखाड़े के उत्तराधिकारी थे और छात्र जीवन में रा० स्व० संघ के कार्यकर्ता थे। वहाँ कलकत्ता के पूर्व सी०ए० उस्मानिया विश्वविद्यालय के कामर्स के ग्रेजुएट बाबा कमलदास जी भी रहते थे। मेरे पूर्व के सायं के कार्यकर्ता श्री सन्तोष कुमार राजपूत की भी वहीं रहते थे।

मैंने चित्रकूट बी०एड० करने हेतु उनको भेजा था। श्री धीरेन्द्र सिंह जी, अनिल जी ऐसे सभी से मेरा एक आत्मिक सम्बन्ध भी प्रगाढ़ हो गया था। दो माह के पश्चात प्रमोद वन में चित्रकूट विकास प्राधिकरण का एक कमरा आवंटित हो गया। फिर वहाँ रहने लगा। पूर्व प्रचारक होने के कारण दीन दयाल शोध संस्थान तथा राष्ट्रीय स्वयं सेवक संघ की शाखा का प्रत्यक्ष

कार्य मुझे दे दिया जाता था। कोई भी संघ का वरिष्ठ प्रचारक आने पर मुझे ही सारी व्यवस्था करनी पड़ती थी। अनेकों रोचक अनुभव प्राप्त हुए। जब गया था तो प्रारंभ में ही संघ का गुरुदक्षिणा कार्यक्रम आ गया। चित्रकूट तहसील की पूर्व में 300 रुपये दक्षिणा होती थी। हमने उपयुक्त योजना बनाई, लक्ष्य निर्धारित किया। तत्कालीन प्रान्त सह कार्यवाह श्री सुरेन्द्र सिंह चौहान जी का बौद्धिक रखा। कुलपति जी की अध्यक्षता कराई।

मा० नाना जी का आशीर्वाद मिला। रू० 20000/- दक्षिणा हुई। पूरे प्रांत को बड़ा आश्चर्य हुआ। पूरे प्रान्त में मुझे गुरुदक्षिणा एक्सपर्ट माना जाने लगा। दूसरे वर्ष 35000/- पैतीस हजार गुरुदक्षिणा हुई 1996 में चित्रकूट के मेरे आखिरी वर्ष पैंतालिस हजार रुपये दक्षिणा हुई। जिले में जहाँ दक्षिणा बढ़वानी होती थी, मेरा वहाँ दौरा लगाया जाता था। विभाग के संघचालक मा० शंकर प्रसाद ताम्रकार जी ने तो विस्तृत जानकारी ली। समझा कि कैसे हमने गुरुदक्षिण में अप्रत्याशित बढ़ोत्तरी की। विश्वविधालय के छात्रों की मैं प्रमोदन में 20-25 औसत उपस्थिति की शाखा चलवाता था। गुरुदक्षिणा विषय पर उ०प्र० के प्रान्त प्रचारक एवं अनेक वर्षों में संघ का विदेश विभाग संभालने वाले मा० लक्ष्मण राव श्री कृष्ण भिड़े जी मेरे आग्रह पर बहुत ही सारगर्भित बारीकियों को समझाने वाली कार्यकताओं की बैठक ली थी। वैसी बैठक मैंने कभी नहीं अनुभव की। गुरुदक्षिणा हेतु स्वयंसेवकों से कैसे बात की जाती है। मा० भिड़े जी ने अनुभवों को रखते हुए बहुत शानदार तरीके से समझाया था। 1990 में जब बाबरी ढाँचा ध्वस्त हुआ तो भाजपा की मा० सुन्दर लाल पटवा की सरकार बरखास्त कर दी गई। पुनः चुनाव होने पर कांग्रेस के श्री दिग्विजय सिंह जी की सरकार पदस्थ हुई। हमारे जिला कार्यवाह ने शाखा जाना बंद कर दिया।

कांग्रेस सरकार द्वारा नियुक्त श्री नरेन्द्र नाथ वीरमणि जी

(आइ०पी०एस०) कुलपति नियुक्त हुए। बहुत लोग मुझे मना करते थे लेकिन मैनें निर्भय रह कर शाखा चलवाना बंद नहीं किया। वीरमणि साहब मुझसे बहुत प्रभावित थे। विदेश यात्रा के लिए मुझे म०प्र० सरकार से धन भी दिलवाया। अनुभव में आया कि निःस्वार्थ रीति से संघ कार्य करने पर प्रत्येक राजनैतिक पार्टी के व्यक्ति भी प्रभावित होते हैं। सम्मान भी देते हैं। जिला कार्यवाह जी ने शाखा जाना बंद कर दिया था। प्राधिकरण ने उनको निलंबित कर दिया। मा० अशोक सिहंल जी, मा० भिडे जी, मा० रज्जू भइया, मा० शेषाद्रि जी चित्रकूट आने पर मेरे छोटे से कमरे में 1-1 घण्टे रहे। विश्वविद्यालय छात्र स्वयं सेवकों को बड़ी प्रेरणा मिलती थी। सतना में कोई जिला-प्रचारक नहीं होता था मैं और तहसील कार्यवाह श्री अशोक सिंह जी मिलकर पूरे जिले का प्रवास करते थे। मैंने भी सुशील मिश्र (वि०वि० में आफिस में कार्यरत) जी को नगर कार्यवाह नियुक्त किया। संतोष जी, स्वामी कार्तिक द्विवेदी जी सब मिलकर संघ एवं अनुषधिक कार्यों को सन्तोष जनक रूप से पूरा करते थे। इस दौरान बहुत आनंद दायक अनुभव आये। मेरे साथ में मेरा एक छात्र श्री शिवदर्शन सिंह रहता था। भोजन वही बनाता था, कमरा बहुत छोटा था किन्तु दोनों का तख्त उसमें रहता था। वृद्धों की सेवा करना उसका स्वाभाविक गुण था। अभिवादन शीलस्य नित्य वृद्धोपि सेविनः चत्वारि तस्य वर्धन्तते, आयुर्विद्या यशोबलम् ।। को चरितार्थ करते हुए आज वृद्ध सेवा के परिणामस्वरूप वह भारतीय जीवन बीमा निगम, भोपाल में उपविभागीय प्रबन्धक के पद पर कार्यरत है। इस दौरान अनेक गावों से सम्पर्क आया। विश्वविद्यालय ग्रामीण पुनर्रचना पर आधारित था छात्रों को गाँव में भेजा जाता था। छात्रों से प्रभावित होकर कई ग्रामीणों ने शराब पीना छोड़ दिया था।

अब चित्रकूट में मा० नाना जी द्वारा विश्वविद्यालय स्थापित होने के कारण क्षेत्र के अधिकांश गरीब बच्चे उच्च शिक्षा प्राप्त करने लगे। अन्यथा

वे पढ़ ही नहीं सकते थे। कांग्रेस की सरकार विश्वविद्यालय को बंद कर डिग्री कालेज बना रही थी, किन्तु हमने सर्वदलीय सभा का आयोजन किया। पू० रामभद्राचार्य जी की अध्यक्षता में यह कार्यक्रम हुआ दिल्ली से पत्रकार श्याम लाल जी को कवर करने के लिए बुलाया। ‘‘इंडिया टुडे’’ में पूरा फोटो सहित कवरेज मिला। फिर 2000 छात्रों को लेकर हम भोपाल गये। मुख्यमंत्री दिग्विजय सिंह जी से भेंट की। उनसे आश्वासन मिला कि विश्वविद्यालय मूल रूप में ही रहेगा। स्वामी रामभद्राचार्य जी ने मेरे आग्रह पर 2000 छात्रों के भोजन की व्यवस्था भी की थी। कांग्रेस की सरकार के दौरान मैंने विश्वविद्यालय में मा० राजनाथ सिंह जी (भारतीय जनता पार्टी), प०पू० युगपुरुष स्वामी परमानंद जी, लखनऊ विश्वविद्यालय के तत्कालीन कुलपति विख्यात वैज्ञानिक प्रो० महेन्द्र सिंह सोढ़ा (एफ०एन०ए०), काशी हिन्दू विश्वविद्यालय के पूर्व कुलपति प्रो०आर०के० रस्तोगी जी के भव्य कार्यक्रम मैंने आयोजित किये जिससे छात्र एवं अध्यापकों को बहुत प्रेरणा मिली। इलाहाबाद विश्वविद्यालय के छात्र जीवन में इलाहाबाद विश्वविद्यालय छात्रसंघ का एक वर्ष कार्य परिषद सदस्य चुना गया था विश्वविद्यालय में छात्रसंघ का होना आवश्यक है, ऐसा मेरा मानना है। छात्रसंघ के चुनाव से विद्यार्थियों में नेतृत्व क्षमता का विकास होता है। म०प्र० के विश्वविद्यालयों में छात्रसंघ की परम्परा का गठन किया, चुनाव करवाया। मैंने विज्ञान संकाय में विकल्प के रूप में ग्रामोदय विज्ञान परिषद का पदाधिकारी बन कर आये छात्रों के नेतृत्व से विश्वविद्यालय को बचाने के लिये 2000 छात्र भोपाल गये थे।

विश्वविद्यालय में प्रेरणादायी विशिष्ट महानुभावों के बड़े कार्यक्रम भी ग्रामोदय विज्ञान परिषद के माध्यम से ही हुए। सर्वदलीय सभा भी ग्रामोदय विज्ञान परिषद के माध्यम से सफलता पूर्वक आयोजित की गयी थी। चित्रकूट ग्रामोदय विश्वविद्यालय में अध्यापन एवं संघ, दीनदयाल शोध

संस्थान के कार्य के दौरान बहुत महत्वपूर्ण अनुभव प्राप्त हुए। चित्रकूट के अनेक महान संतों का सत्संग मिला। अनेक विशिष्ट छात्रों से सम्पर्क आया। महाकौशल प्रान्त के सह-प्रान्त कार्यवाह जो बाद में अखिल भारतीय संघ के अधिकारी बने। श्री सुरेन्द्र सिंह चौहान जी से सम्बध आया। उन्होंने अपने ग्राम - मोहद (नरसिंह पुर जिला म० प्र०) को आदर्श ग्राम बनाया था। उसको देखने मैं गया था। प्रमोदवन की विशिष्ट साध्वी कर्नाटक माताजी का आशीर्वाद प्राप्त होता था।

निर्मोही अखाड़े के पू० राम आसरे दास महाराज, चौपड़ा के पुजारी जी, प्रमुख द्वार के महंत पू० प्रेमपुजारी जी महान सन्तों का आशीर्वाद मिला। मा० नानाजी देशमुख जी से अत्यन्त निकट का सम्बन्ध रहने के कारण इस महान विभूति से बहुत बातें सीखने को मिली। पत्र कैसा लिखा जाना चाहिए- नाना जी ने सिखाया। अनेक तरह के व्यक्तियों से काम कैसे लिया जाता है, नानाजी से सीखने को मिला। मा० नाना जी शास्त्रीय संगीत के भी जानकार थे। एक बार संतोषी अखाड़ा में अनेक शास्त्रीय कलाकारों (प० श्री चद्र महाराज, पू० स्वामी शान्तिदेव महाराज, गंगा मास्टर, प० झण्डीलाल महाराज, प० सुभागदत्त त्रिपाठी, शुकदेव प्रसाद आदि) का संगीत उन्होंने लगातार 3 घण्टे बैठकर श्रवण किया। छोटे से छोटे कार्यकर्त्ता की नाना जी चिन्ता करते थे।

❁❁❁

8.

मन्दाकिनी स्नान का प्रभावकारी अनुभव

मेरे प्रमोदवन के आवास के पीछे मन्दाकिनी गंगा का बहुत सुन्दर घाट है। मन्दाकिनी गंगा सती अनुसुइया स्थान के पर्वत से निकलती है। एकदम निर्मल स्वच्छ पानी रहता था। मैंने पूरे साढ़े चार वर्ष प्रतिदिन स्नान करने का अनुभव प्राप्त किया। बरसात में भी मैं मन्दाकिनी में ही स्नान करता था। गर्मी में नीचे से पानी स्त्रोत का पता चला था। स्नान का परिणाम विलक्षण था मुझे कभी जुकाम / बुखार तक नहीं हुआ। चित्रकूट के पर्वतों से औषधीय वनस्पतियाँ घुलकर आती थीं उसी का परिणाम था।

चित्रकूट के कार्यकाल के दौरान डा० गुरुदास अग्रवाल जी से परिचय आया। वे विश्वविद्यालय में अवैतनिक पर्यावरण के प्रोफेसर थे। वे खद्दर का कुर्ता, पाजामा ही पहनते थे। अविवाहित थे। आई०आई०टी० कानपुर के अवकाश प्राप्त प्रोफेसर थे। किसी सामाजिक छात्र हितार्थ जब धन की आवश्यकता पड़ती वे व्यवस्था कर देते थे। दिसम्बर 1996 में दिल्ली में एक अन्तर्राष्ट्रीय वैज्ञानिक सम्मेलन में शोध व्याख्यान देने जाना था। उस समय 6000/- रजिस्ट्रेशन फी थी। उन्होंने ही उसकी व्यवस्था कर दी थी। गंगा की अविरलता/शुद्धता के लिए उन्होंने गंगा समाधि भी ऋषिकेश में ली थी। आमरण अनशन किया। किन्तु गंगा भक्त वैज्ञानिक की बातों पर सरकार ने ध्यान नहीं दिया। उसका परिणाम उत्तराखण्ड प्रायः सुनामी के रुप में भोग रहा है।

जुलाई 1992 से 12 दिसम्बर 1996 तक मैंने चित्रकूट ग्रामोदय

विश्वविद्यालय मे अध्यापन/सामाजिक कार्य किया। इसी बीच 14 दिसम्बर 1996 को इलाहाबाद विश्वविद्यालय के भौतिकी विभाग में तत्कालीन विभागाध्यक्ष विश्वविख्यात वैज्ञानिक भारतीय राष्ट्रीय विज्ञान अकादमी (Indian National Science Academy, New Delhi) INSA के फ़ेलो प्रो० बालकृष्ण अग्रवाल जी ने ''रीडर'' के पद पर मेरी नियुक्ति कर दी। फिर मैं अध्यापक के रूप में इलाहाबाद विश्वविद्यालय आ गया।

9.

भौतिकी विभाग, इलाहाबाद विश्वविद्यालय में अध्यापन एवं सामाजिक / आध्यात्मिक एवं राजनैतिक कार्य

[1996-2022]

1996 दिसम्बर से मैंने इलाहाबाद विश्वविद्यालय में अध्यापन और शोध कार्य पर ध्यान केन्द्रित कर जुटा। हमारी नियुक्तियों से सम्बंधित चयन समिति न हो इसके लिये भौतिकी विभाग के 16 अध्यापकों ने मुकदमा हाई कोर्ट में दाखिल किया था। जाति वाद का जीता जागता उदाहरण था। हाई कोर्ट / सुप्रीम कोर्ट ने उपयुक्त फैसला दिया। मेरे मन में एक विचार था कि प्रो० बालकृष्ण (FNA, FNASc) जी ने मेरी नियुक्ति की है तो अपने कार्य से उनकी प्रतिष्ठा बढ़े यह सिद्ध करना है। मुझे सन्तोष है कि यह मैंने सिद्ध करके दिखाया। मैंने अपने इलाहाबाद विश्वविद्यालय के कार्यकाल के दौरान 2 छात्रों को पी-एच०डी० कराया। सभी छात्र उच्च पदों पर हैं। विज्ञान के क्षेत्र में भी महत्वपूर्ण कार्य कर रहे हैं। करोड़ों रुपये की शोध परियोजनाओं को पूरा किया। 150 से अधिक अन्तर्राष्ट्रीय जर्नल में शोध पत्र प्रकाशित किये। भौतिकी विभाग में अनुसंधान क्षेत्र में ए०पी०एस०-100 तथा टी०पी०एस०- 500 जैसे उपकरणों से रिसर्च प्रयोगशाला प्रतिस्थापित की। विश्वविद्यालय में दो वर्ष अधीक्षक रहा। उस

दौरान 10 आई०ए०एस० तथा 36 सर गंगानाथ छात्रवास पी०सी०एस० आधिकारी, कई विश्वविद्यालयों में प्रोफेसर नियुक्त हुए 8 वर्ष तक पन्त छात्रावास का प्रिंसिपल रहा। 100 नये कमरों की ग्रान्ट लाया। फिर से एस०सी०, एस०टी०, ओ०बी०सी० छात्रों को छात्रवृत्ति मिलने लगी। कई वर्षों तक राष्ट्रीय सेवा योजना का प्रोग्राम अधिकारी रहा। राष्ट्रीय स्वयंसेवक संघ में विभाग बौद्धिक प्रमुख के रूप में कार्य किया साथ ही ''हिन्दुस्थान समाचार'' संवाद समिति का केन्द्रीय निर्देशक मण्डल के सदस्य के रूप मे कार्य किया। अध्यापक जीवन बहुत आनंददायक लगा। अनेक प्रतिभा सम्पन्न छात्र मुझे मिलते रहे। हजारों छात्रों से आजीवन सम्बन्ध बनता गया। एक से एक अनेक प्रकार के गुणों वाले छात्र मिले। छात्रों से बढ़कर दुनियाँ में सच्चा मित्र पाना अत्यन्त कठिन है। मैं भगवान से यही प्रार्थना करता हूँ कि हे प्रभु! अब तुम मुझे अगले जन्म में इलाहाबाद विश्वविद्यालय / प्रो० राजेन्द्र सिंह (रज्जू भईया) विश्वविद्यालय में भौतिकी विभाग का पुनः प्रोफेसर बनाना। इस दौरान शोध व्याख्यान देने हेतु कनाडा, अमेरिका, जर्मनी, आस्ट्रिया, स्पेन, इटली, फ्रान्स, बेल्जियम, जापान, सिंगापुर, स्वीडन, नेपाल, चीन, आदि अनेक देशों की यात्रा की। विदेशों में अनेक वैज्ञानिक मित्र बने। प्रो० निको एफ० डेक्लेरिक (फ्रान्स), प्रो० क्रिस्ट ग्लोरिक्स, प्रो० ल्यूस एलोविरा सेगुरा (स्पेन), प्रो० अमित स्थाना, प्रो० माही सिंह (कनाडा), प्रो० आर०डब्लू०वी० स्टीफेन्स, प्रो० ब्रीजीले आदि आदि। अनेक मेरे शिष्य विदेशों में कार्य कर रहे हैं। डा० शिवाकान्त शुक्ला, डा० विवेक शुक्ला, डा० योगेन्द्र कुमार मिश्रा, डा० राजेश कुमार यादव, डा० नवनीत यादव, डा० नागेन्द्र प्रसाद यादव आदि। राष्ट्रीय भौतिकी प्रयोगशाला के वरिष्ठ वैज्ञानिक डा० महावीर सिंह जी, काशी हिन्दू विश्वविद्यालय के प्रो० राजेन्द्र कुमार सिंह जी, मेरे शिष्य डा० गिरिधर मिश्र जी ने मेरे साथ विदेशों की यात्रा की है। आई०आई०टी०

दिल्ली, राष्ट्रीय भौतिकी प्रयोगशाला, नई दिल्ली, भौतिकीय अनुसन्धान प्रयोग शाला, अहमदाबाद (गुजरात), आई०आई०टी० जोधपुर, आई०आई०टी० रुड़की, अनेक केन्द्रीय/राज्य विश्वविद्यालयों आदि, आई०टी० मुंबई, इन्दिरा गाँधी सेटर फार रिसर्च, कलपम्कम, राजा रामन्ना सेन्टर फार एडवान्स टेक्नोलाजी, इन्दौर, (म०प्र०), प्रो० राजेन्द्रसिंह (रज्जू भइया) भौतिकीय विज्ञान अनुसंधान एवं अध्ययन संस्थान-वीर बहादुर सिंह पूर्वाञ्चल विश्वविद्यालय जौनपुर (उ०प्र०), एमिटी विश्वविद्यालय नोएडा, लखनऊ विश्वविद्यालय, इलाहाबाद विश्वविद्यालय, बाबा साहब अम्बेडकर केन्द्रीय विश्वविद्यालय, लखनऊ (उ०प्र०), मेरठ विश्वविद्यालय, डा० राम मनोहर लोहिया अवध विश्वविद्यालय, अयोध्या (उ०प्र०), दिल्ली विश्वविद्यालय सम्पूर्ण भारत में मेरे छात्र अच्छा काम कर रहे हैं। राजकीय पालीटेक्निक एन० आई० ओ०एस०, एन०सी०ई०आर०टी०, आदि में उच्च पदस्थ मेरे छात्र सराहनीय कर के मुझे आनंद प्रदान करते हैं। प्रशासन में आई०ए०एस०, पी०सी०एस०, आई०एफ० एस०, आई०पी०एस०, आदि में अनेक छात्र चयनित होकर राष्ट्र की सेवा कर रहे है। अनेक छात्र न्याय के क्षेत्र में कार्य कर रहे हैं। विश्वविद्यालय में अध्यापन के दौरान "National Conference on Ultrasonics" का आयोजन किया जिसके परिणाम स्वरुप विज्ञान जगत में मेरा परिवार बहुत व्यापक हो गया अनेक प्रांतों में स्थायी वैज्ञानिक मित्र बन गये। इसका देश विदेशों में मेरे छात्रों को बहुत लाभ मिला। कान्फ्रेस के दौरान मैंनें शास्त्रीय संगीत के भी अत्यन्त उत्कृष्ट प्रभावशाली कार्यक्रम कराये। श्रीराम शंकर (गायन), पं० अवधेश महाराज (मृदंग), सुश्री पूजा गुप्ता (कथक), सुश्री मनीषा मिश्रा आदि को संगीत क्षेत्र में प्रमोशन मिला।

इस दौरान देश विदेश के प्रख्यात वैज्ञानिक - प्रो० श्री कृष्ण जोशी एफ०एन०ए०, सी०एस०आई०आर० के डायरेक्टर जनरल, पद्म भूषण,

डा० कृष्णलाल एफ़०एन०ए० (निदेशक, राष्ट्रीय भौतिक प्रयोगशाला, नई दिल्ली), डॉ० बलदेव राज एफ़०एन०ए० (पूर्व निदेशक, इंदिरा गांधी परमाणु अनुसंधान केंद्र, कल्पक्कम), प्रो० बाल कृष्ण अग्रवाल एफ़० एन०ए०, प्रो० आर०पी० सिंह एफ़०एन०ए०एस-सी० (पूर्व कुलपति, लखनऊ विश्वविद्यालय), प्रो० एम०एस० सोढ़ा एफ़०एन०ए० (पूर्व कुलपति, डी० ए० वी० विश्वविद्यालय, इंदौर), प्रो० विक्रम कुमार (पूर्व निदेशक, राष्ट्रीय भौतिक प्रयोगशाला, नई दिल्ली), प्रो० श्री सिंह (बी० एच० यू०) आदि का आत्मिक सहयोग, आशीर्वाद प्राप्त हुआ।

इलाहाबाद विश्वविद्यालय के पूर्व कुलपति प्रो० सुरेश चन्द्र श्रीवास्तव, प्रो० सी०एल० खेत्रपाल जी का वांछनीय सहयोग प्राप्त हुआ। प्रोफेसर राजन गोविन्द हर्ष जी जो 5 वर्ष इलाहाबाद विश्वविद्यालय के कुलपति रहे है उनके अप्रत्याशित आत्मिक सहयोग को मैं कभी भूल नहीं सकता। उन्होंने मेरे रिसर्च एवं प्रोफेसर की नियुक्ति में असाधारण तरीके से सहयोग किया। वे मुझसे बेहद प्रभावित थे। मई 2017 में प्रोफेसर राजन हर्षे (पूर्व कुलपति) के नामिनेशन के आधार पर तत्कालीन महामहिम राज्यपाल मा० राम नाईक जी ने मुझे वीर बहादुर सिंह पूर्वाञ्चल विश्वविद्यालय, जौनपुर (उ०प्र०) का कुलपति नियुक्त किया।

10.

कुलपति के रूप में मेरा कार्यकाल

[2017-2020]

स्थानीय पूर्वाञ्चल के समाज को यही आश्चर्य था कि मेरी ज्वाइनिंग के समय इलाहाबाद विश्वविद्यालय के 60 विद्यार्थी साथ में गये थे। कुलपति कार्यकाल के दौरान अभूतपूर्व अनुभव आये। कार्यकाल के दौरान मेरे पूज्य माता-पिता भी साथ में रहते थे। उनका आशीर्वाद सदैव साथ रहता था। कुलपति कार्यकाल के दौरान किये गये विशेष कार्यों का विवरण ''शैक्षिक संक्रान्ति'' प्रो० डा० राजाराम यादव कुलपति के रूप में 03 वर्ष (2017-2020) एक पुस्तक के रूप में प्रकाशित किया जा चुका है।

एक कुलपति के रूप में अपने अनुभव के आधार पर मैं यह कह सकता हूँ कि छात्रों के हित के लिए ही कुलपति का कर्तव्य सर्वोपरि होता है। छात्र हमेशा अच्छे ही होते हैं। छात्रों की प्रत्येक समस्या का कुलपति के द्वारा समय सीमा में ही समाधान किया जा सकता है। 4 जिलों के 900 डिग्री कालेज मेरे कार्य क्षेत्र में आते थे। लगभग 06 लाख विद्यार्थियों की संख्या थी। प्रान्त में परीक्षा परिणाम सबसे पहले नियत तिथि से 10 दिन पूर्व पूर्वाञ्चल विश्वविद्यालय जारी करता था। कई ऐसे कार्य थे जो किसी की कल्पना में भी नहीं थे। 2017 में ही पी-एच०डी० 1500 छात्रों का प्रवेश हुआ, जिसमें 500 जे०आर०एफ० थे। उ०प्र० में किसी विश्वविद्यालय का ऐतिहासिक रिकार्ड था। प्राइवेट डिग्री कालेज के शिक्षक जो कभी सोचते

नहीं थे कि हम शोध निर्देशक (Ph.D. Supervisor) बन सकते थे। नया पी-एच०डी० अर्डिनंस बनाया गया। राजभवन / सरकार पूर्वाञ्चल विश्वविद्यालय के शोध अधिनियम को अन्य सभी विश्वविद्यालयों को अनुकरण करने के लिए भेज दिया। नये अधिनियम के तहत श्री नितिन रमेश गोकर्ण-मेरे कार्यकाल कार्यरत आई०ए०एस अपर मुख्य सचिव उ०प्र० सरकार ने भी पी-एच०डी० में प्रवेश लिया और उनको डिग्री प्रदान की गयी। हमने पी-एच०डी० की फीस को घटा दिया, किन्तु प्रवेश द्वारा अर्जित धन विश्वविद्यालय को बढ़ गया। कार्यकाल के दौरान ''स्किल डेवलेपमेन्ट ट्रेनिंग सेंटर के माध्यम से 9 महीने की ट्रेनिग देकर आस पास गाँवों के केवल स्कूली शिक्षा प्राप्त 60 छात्रों को रिलायन्स मे स्थायी नौकरी दिलायी गयी। 4000 छात्रों का 3 साल में कैम्पस सेलेक्शन हुआ, जो कि किसी विश्वविद्यालय के लिए एक ऐतिहासिक रिकार्ड है। तीनो वर्ष शास्त्रीय संगीत के उच्च स्तरीय कार्यक्रम किये गये जिससे छात्रों को उच्चस्तरीय कलाकार बनने का अवसर प्राप्त हुए। 50 गाँवो को गोद लेकर टी०बी० उन्मूलन कार्यक्रम सफलता पूर्वक सम्पन्न किया। यह भी अपने लिए ऐतिहासिक रिकार्ड है। ''राष्ट्रीय सेवा योजना'' भारत सरकार बंद करने जा रही थी किन्तु वीर बहादुर सिंह पूर्वाञ्चल विश्वविद्यालय के 1 लाख पचास हजार छात्रों का प० पू० स्वामी रामदेव महाराज जी के नेतृत्व योग कार्यक्रम सम्पन्न हुआ। बहुत से अन्य सेवा के कार्यों से प्रभावित होकर सरकार ने इसकी ''राशि'' कई गुना बढ़ा दी। मेरे कार्यकाल के पूर्व खेलकूद में राष्ट्रीय पदक प्राप्त खिलाड़ियों की संख्या 27 थी। किन्तु मेरे द्वारा जारी की गयी नीतियों के परिणाम स्वरुप राष्ट्रीय पदक प्राप्त खिलाड़ियों की संख्या 150 हो गयी। क्रिकेट में मेरे द्वारा नियुक्त विजय प्रकाश के परिश्रम से पहली बार क्रिकेट में यूनीवर्सिटी राष्ट्रीय चैम्पियनशिप जीत कर आयी। लगातार हाकी एवं क्रिकेट में राष्ट्रीय चैम्यियनशिप का रिकार्ड बन

रहा है। कार्यकाल के दौरान शीलनिधि ने पूर्ण समय देकर समाज सेवा भी की। प्रतिभाओं की निखारने एवं उनको उन्नत अवसर प्रदान करवाने का कार्य किया। सत्यम मौर्य जैसे छात्र चयनित होकर विश्वविद्यालय का चीन जैसे देश में प्रतिनिधित्व किया। उद्देश्य सिंह प्रखर प्रतिभा शाली छात्र को भारत की संसद में लोक सभा अध्यक्ष मा. श्री ओम बिरला की अध्यक्षता में उ०प्र० का प्रतिनिधित्व करते हुए भाषण कराने का अवसर प्राप्त हुआ। छात्रों की मौलिक प्रतिभाओं को अग्रसर करने का कार्य भी कुलपति का होता है। मेरे द्वारा नियुक्त अध्यापकों के रिसर्च प्रस्तावों के आधार पर केन्द्र सरकार से 10 करोड़ रुपये की पर्स ग्रान्ट भी मेरे द्वारा स्थापित ''प्रोफेसर राजेन्द्र सिंह (रज्जू भइया) भौतिकीय विज्ञान अध्ययन एवं शोध संस्थान'' को रिसर्च के लिए स्वीकृत की गयी। उ०प्र० में एक मात्र पूर्वाञ्चल विश्वविद्यालय को यह ग्रान्ट स्वीकृत की गयी। मेरे कार्यकाल में किसी भी प्रोफेसर या छात्र को विदेश में किसी इन्टरनेशनल कांफ्रेस में शोध व्याख्यान देने हेतु सम्पूर्ण आर्थिक सहायता दी जाती थी। इसके परिणाम स्वरूप फार्मेसी विभाग की डा० झाँसी मिश्रा को एमस्टर्डम में 300 देशों के लगभग 3000 वैज्ञानिको के मध्य यंग साइंटिस्ट अवार्ड से नवाजा गया। पूर्वाञ्चल विश्वविद्यालय के इतिहास में यह अभूतपूर्व घटना थी।

कुलपति कार्यकाल में आई०ए०एस०/पी०सी०एस० फ्री कोचिंग की व्यवस्था, तथा इन्स्टीट्यूशनल पोस्ट डाक्टरेट फैलोशिप सहित अनेक नवोन्मेषी योजनाओं को सफलता पूर्वक संचालित किया। जीवन में इसका सन्तोष एवं आनंद है।

11.

प्रेरणा पुञ्ज प० पू० पूर्व सरसंघचालक, पूर्व विभागाध्यक्ष-भौतिकी विभाग, इलाहाबाद विश्वविद्यालय प्रो० राजेन्द्र सिंह जी (रज्जू भइया जी) का मार्गदर्शन

1983 में जब मैंनें Geophysicist (Wells) के पद पर शिवसागर (असम) में ओ०एन०जी०सी० ज्वाइन किया, उसी वर्ष प्रारम्भ में ही मा० रज्जू भइया का असम में जिला प्रवास हुआ। शिवसागर (असम) में जीप से उतरते ही मुझको देखकर वे बोले अरे भारती (ओ०एन०जी०सी० में केमिस्ट और प्रयागराज में डा० राजेन्द्र प्रसाद अग्रवाल - प्रान्त कार्यवाह आर०एस०एस० के बड़े सुपुत्र) तुम तो ठीक है, राजाराम को यहाँ कहाँ ले आये? मैं समझ गया रज्जू भइया की इच्छा कुछ और है। इसी प्रकार 1986 में ओ०एन०जी०सी० में रहते समय जब मैं टोरण्टो (कनाडा) जा रहा था तो एक दिन संघ कार्यालय केशव कुञ्ज, झण्डेवालान, नई दिल्ली में रुका था। कार्यालय में प्रात: कालीन शाखा के पश्चात् रज्जू भइया असम प्रान्त कार्यवाह मा० भूमिदेव गोस्वामी जी से बोले राजाराम को आपके यहाँ ओ०एन०जी०सी० में पैसा बहुत ज्यादा मिलता है, नहीं तो राजाराम को किसी यूनिवर्सिटी में प्रोफेसर होकर कार्य करना था । बस मैं समझ गया रज्जू भइया क्या चाहते हैं। इसी प्रकार 1988-1992 तक जब मैं प्रचारक जीवन पूर्णकर उन्हीं के निर्देश पर चित्रकूट ग्रामोदय विश्वविद्यालय मा०

नाना जी देशमुख के मार्गदर्शन में लेक्चरर के रूप में कार्य करने जा रहा था तो रज्जू भइया इलाहाबाद रेलवे स्टेशन की सीढ़ियाँ चढ़ते समय अचानक बोले राजाराम तुम चित्रकूट चले जाओ ठीक किन्तु मैं सोचता हूँ तुम्हारे लिए कोई बहुत बड़ी पुरानी well established यूनीवर्सिटी ही ठीक पड़ेगी (1992)। जब मैं 1996 में रीडर होकर इलाहाबाद विश्वविद्यालय आ गया, तो उनकी भविष्यवाणी याद आ गई।

मैं रीडर होकर जब इलाहाबाद विश्वविद्यालय में पढ़ाने लगा तो उन्होंने एक बार मुझे अँग्रेजी की पत्रिका अपने सामने पढ़ने को कहा। बोले देखें तुम्हारा अँग्रेजी का उच्चारण कैसा है? मैंने जब पढ़ा तो बोले अच्छा है। रज्जू भइया जब भी आते किसी न किसी प्रभावशाली व्यक्ति से मुझे अपने साथ मिलाने ले जाते थे। कहते थे प्रभावशाली, श्रेष्ठ व्यक्तियों से बिना किसी प्रयोजन के मिलते रहा करो। उनको स्कूटर चलाने का बड़ा शौक था। वे खुद स्कूटर चलाते मुझको पीछे बैठाकर ले जाते थे। माननीय रज्जू भइया साधू सन्तों का बड़ा सम्मान करते थे। प०पू० सन्त प्रभूदत्त ब्रह्मचारी जी के आश्रम झूँसी में मुझको ले जाते थे। मा० रज्जू भइया का ''सादा जीवन उच्च विचार'' एक कठोर सिद्धान्त था। एक बार संघ कार्यालय में अचानक आये और बताया कि कार्यालय में दिनभर में 5-6 चाय से ज्यादा नहीं बनना चाहिए। 1988 मैं जब में प्रचारक होकर प्रयाग आया तो उनको यह कल्पना नहीं थी कि मैं प्रचारक होकर आ जाऊँगा। डॉ० अमर सिंह जी मेरे विभाग प्रचारक थे। डा० अमर सिंह जी से, रेल के डिब्बे में बैठने के बाद जब मै उनको प्रणाम करके प्लेटफार्म में आ गया तो, उन्होंने डा० अमर सिंह जी से बार-बार कहा कि राजाराम का विशेष ध्यान रखना। यह बात मुझे एक छात्र कार्यकर्ता ने बताया जो अमर सिंह जी के साथ ही डिब्बे से नीचे आया।

चित्रकूट ग्रामोदय विश्वविद्यालय में लगभग तीन वर्ष मेरे बीत चुके

थे। मैंने रज्जू भइया से एकान्त में बातचीत की, मैंने कहा यहाँ का कार्य तो पूरा हो चुका है कहिये तो मैं पुनः पूर्व की भाँति प्रचारक होकर कार्य करूँ? उन्होंने तुरन्त मना कर दिया और कहा कि तुमको विश्वविद्यालय में प्रोफेसर रहकर ही राष्ट्र सेवा करनी है। इतना ही नहीं इसके आगे उन्होंने एक बहुत ही मार्मिक वाक्य जोड़ा- बोले जब तक मैं जिन्दा हूँ तब तक तो कोई बात नहीं लेकिन मेरे इस दुनियाँ में न रहने पर तुमको संघ में कौन सम्भालेगा?

रज्जू भइया ऑन स्पॉट मार्गदर्शन करते थे। जब भी वे प्रयाग आते मैं एक शाखा में उनका कार्यक्रम रख लेता था। एक बार मैंने ताराचंद छात्रावास में विद्यार्थियों की एक बैठक रखी तो चलने के पहले उन्होंने पूर्व की परिस्थिति को ध्यान में रखकर मुझसे पूछा तुमको बैठक के बाद दूसरे दिन परेशानी तो नहीं होगी? मैंने कहा नहीं, भैया अब परिस्थिति बदल गयी है। अर्थात् कार्यकर्त्ता कठिनाई में न पड़े यह भी उनको ध्यान रहता था।

एक बार ताराचंद छात्रावास की ''समर्थ'' सायं शाखा में मैं उनको ले गया। श्री शैलेन्द्र जी (वर्तमान में काशी हिन्दू विश्वविद्यालय में ''विधि''विषय के प्रोफेसर है) गण ले रहे थे। मैंने उनको किसी बात को लेकर टोका तो रज्जू भइया ने मुझे अपने पास बुलाकर कहा कि गण लेते समय स्वयंसेवकों के सामने उसकी कमी को कभी मत बताना ! अलग से एकान्त में उसको समझाना। ऐसा था रज्जू भइया का ऑन स्पॉट मार्गदर्शन। मेरी व्यक्तिगत इच्छाओं का भी वे ध्यान रखते थे। मैंने एक बार उनसे कहा कि यादगार के लिए अपना गमछा मुझे दे दीजिए तो उन्होंने मेरे आग्रह का सम्मान करते हुए अपना गमछा सदा के लिए दे दिया।

चित्रकूट जब आये तो मेरे बहुत छोटे से कमरे में शाखा के बाद एक घंटा बैठे रहे। कमरा इतना छोटा था कि वे मेरे तख्त पर ही वे बैठे सामने शाखा में जाने वाले विश्वविद्यालय के छात्र बैठे। आज जब उनका

स्नेह भरा स्मरण होता है तो उनका अभाव शेष जीवन में खटकता है। प० पू० रज्जू भइया के प्रति श्रद्धाञ्जलि स्वरूप एवं युगों-युगों तक अध्यापक एवं छात्रों के लिए प्रेरणा स्थल के रूप में अपने कुलपति कार्यकाल के दौरान (2017-20) पूर्वाञ्चल विश्वविद्यालय में प्रोफेसर राजेन्द्र सिंह (रज्जू भइया) भैतिकीय विज्ञान अध्ययन एवं शोध संस्थान (प्रो० राजेन्द्र सिंह (रज्जू भइया) भौतिक विज्ञान अध्ययन एवं अनुसंधान संस्थान) की स्थापना की। इसमें भौतिकी, रसायन विज्ञान, गणित, भू एवं ग्रहीय विज्ञान, नैनोविज्ञान एवं प्रौद्योगिकी अनुसंधान केंद्र तथा नवीकरणीय ऊर्जा अनुसंधान केंद्र (6 विभाग) शामिल हैं। पू० रज्जू भइया की आदमकद मूर्ति की भी स्थापना की है। वीर बहादुर सिंह पूर्वाञ्चल विश्वविद्यालय में लगभग 50-60 प्रोफेसर की नियुक्तियाँ मैंने की थी। किसी-किसी विषय में सैकड़ों सिफारिश आती थी किन्तु रज्जू भइया ने एक बार मुझसे कहा था- राजाराम अध्यापक योग्य ही होना चाहिए, नैतिक रूप से भी उत्कृष्ट होना चाहिए। उन्हीं के दिये हुए मार्गदर्शन के अनुरुप मैंने समस्त बाधाओं को पार करते हुए नियुक्तियाँ की। तत्कालीन महामहिम राज्यपाल महोदय मा० राम नाईक जी एवं श्रीमती आनंदी बेन पटेल जी एवं तत्कालीन उपमुख्यमंत्री एवं शिक्षा मंत्री डा० दिनेश शर्मा जी द्वारा सहयोग एवं सराहना भी प्राप्त हुई।

टोक्यो (जापान) में प्रो० राजाराम यादव अपने मित्र वैज्ञानिक डॉ० ग्लोरिएल्म (बेल्जियम) एवं प्रो० निको, एफ० डैडलिरिक (एकदम दायें- फ्रांस) के साथ कान्फ्रेंस के दौरान।

बायें से प्रो० डॉ० राजाराम यादव, प्रफुल्ल कुमार दास (संघकार्यकर्ता) बायें से (बैठे हुए) जुगुल किशोर वागती (शिवसागर असम) मा० श्यामल कान्ति सेन गुप्त (रा0स्व0 संघ डिब्रूगढ़ विभाग कार्यवाह) योगेश कुमार गुप्त (शिवसागर असम)

डॉ० राजाराम जी के प्राइमरी श्री गुरुजी पं० रतन मिश्र जी प्राथमिक पाठशाला ग्राम-गुरदहा, जि०-हमीरपुर (उ०प्र०)

डॉ० राजाराम जी की प्रिय मौसी टन्टी यादव एवं प्रिय नानी श्रीमती राजाबाई यादव (दायें) ग्राम-गुरदहा

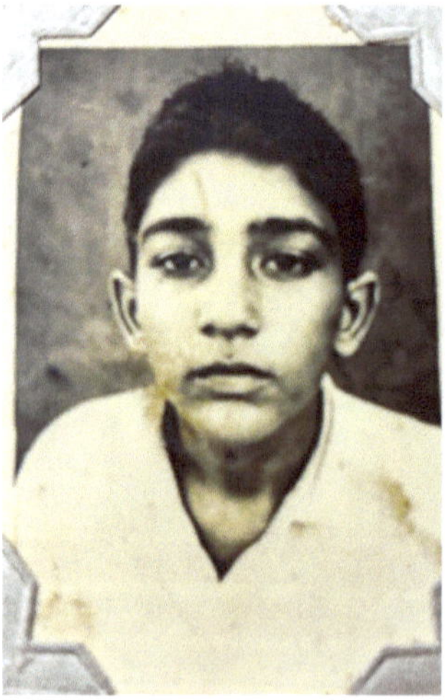

प्रो. डॉ. राजाराम यादव, हाईस्कूल में

डॉ० राजाराम जी की प्रिय दादी (सिहेपुर बड़ाहरी ग्राम)

डॉ० राजाराम जी की प्रिय नाना गंगा प्रसाद यादव (बायें), श्री बिहारी यादव

डॉ० राजाराम जी की प्रिय बहनें निर्मला देवी (बायें) व देव कुँवर यादव (दायें), सिहेपुर बड़ाहरी ग्राम में

बायें से - श्री कृष्णदत्त समाधिया- उपसचिव भारत सरकार डॉ० राजाराम जी के गाँव के मार्गदर्शक, डॉ० राजाराम यादव, श्री ब्रह्म कुमार आई०एफ०एस० (मेरे सहपाठी रघुनाथ आनंद जी के सुपुत्र)

बेल्जियम की महिला अपने गोद लिये भारतीय बच्चों के साथ डॉ० राजाराम जी को अपने घर पर भोजन में आमंत्रित किया था।

डॉ० राजाराम जी की अपने प्रिय गुरु श्री खेमचन्द अहिरवार (जूनियर हाई स्कूल के शिक्षक) जी का सम्मान करते हुए,

डॉ० राजाराम जी की पूरयि नानी कलावती देवी, (गुरदहा गूराम)

डॉ० राजाराम जी की प्रिय तीनों नानी (बायें से)

रोम (इटली) में प्रो० राजाराम यादव लेक्चर देते हुए - साथ में
चेयरमैन- प्रो० वाटर (बायें)

विश्वविख्यात परमाणु वैज्ञानिक डॉ०
राजा रामन्ना के साथ डॉ० राजाराम जी
प्रयाग संगम तट पर

डॉ० राजाराम यादव टोरन्टो
विश्वविद्यालय (कनाडा) में डॉ० किरण
शंकर जी के साथ लेक्चर देने जाते हुए,

डॉ० राजाराम जी अपने पी-एच०डी० मार्गदर्शक प्रो० कार एवं डॉ० सलाहुद्दीन अहमद (अमेरिका) के साथ अल्ट्रासोनिक्स लैब के अन्दर भौतिकी विभाग, इलाहाबाद वि०वि०

डॉ० राजाराम जी टोरन्टो विश्वविद्यालय, (कनाडा) में आई०सी०ए० के दौरान (1986)

टोरन्टो (कनाडा) में अपने शोध निर्देशक प्रो० कार साहब के साथ कान्फ्रेंस के दौरान (1986)

इन्सा टीचर अवार्ड-2012 प्राप्त करने के बाद विख्यात वैज्ञानिक डॉ० आर०ए० माशेलकर (एफ०आर०एस०) के साथ एन०सी०एल० पुणे में।

पेरिस में डॉ० अमित अस्थाना (वैज्ञानिक) के साथ

इस्कान के सिद्धसन्त पूजनीय नव योगेन्द्र जी महाराज जिन्होंने मेरी भविष्यवाणी की थी।

आई०जी०सी०ए०आर०, कलपक्कम के निदेशक डॉ० बलदेव राज, एफ०एन०ए०, एफ०एन०ए०एस-सी० के साथ इलाहाबाद में अवसर पर।

पू० प्रो० राजेन्द्र सिंह (रज्जू भैया) रा०स्व० संघ के चतुर्थ सर संघ चालक जी का आशीर्वाद प्राप्त करते डॉ० राजाराम यादव (प्रयागराज में)

श्रद्धेय मा० अशोक सिंघल जी का आशीर्वाद प्राप्त
करते डॉ० राजाराम यादव उनके पैतृक आवास
महावीर भवन (प्रयागराज) में

आर०एस०एस० की शाखा में डॉ० वीर सिंह जी
(विभागप्रचारक) एवं सभी स्वयं सेवकों के साथ।
(आई०ई०आर०टी० शाखा) (1989)

सिंघल भवन (प्रयागराज में) बायें से मा० चम्पत राय जी, डॉ० गर्जन सिंह जी, श्रद्धेय मा० अशोक सिंघल जी, मा० अनिल जी (क्षेत्र प्रचारक), डॉ० राजाराम यादव जी

ऊपर पू० राम भद्राचार्य जी (पद्म विभूषण तुलसी पीठाधीश्वर) चित्रकूट, पू० साक्षी महाराज, एम०पी०, नीचे बैठे हुए डॉ० राजाराम यादव, शिष्य डॉ० आलोक कुमार गुप्त- एन०आई०ओ०एस० डायरेक्टर (चित्रकूट में)

Photo Gallery of Ultrasonic Group

Dr. R.R. Yadav with **Nobel Laureate** in Physics **Prof Carl E Wieman (USA)** and Chinese Professor.

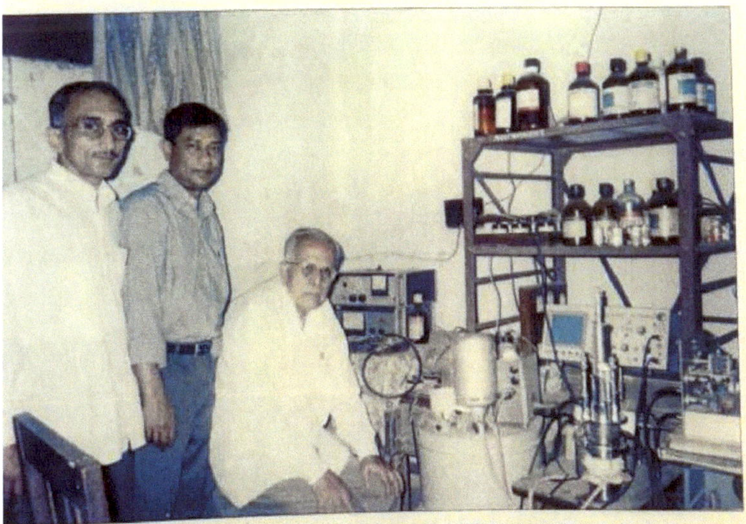

Dr. R.R. Yadav, **Dr. Salahuddin Ahmed (USA)** and Prof. S.K.Kor in Ultrasonics Research Lab. Allahabad.

संघ शताब्दी वर्ष (1925-2025) #संघ यात्रा

12.

रज्जू भइया को मेरा पत्र

चित्रकूट 02.04.1994

प०पू० भइया

सादर चरण स्पर्श।

ईश्वर कृपा 11 मार्च से अब तक इस उहापोह में था कि अपने मनोभावों को प्रेषित करूँ या न करूँ, जो भी हो मैं रोक नहीं पाया और यह पत्र लिखा। जिनका प्रथम दर्शन ही मेरा संघ प्रवेश का दिवस हो। जिनके अन्तरंग सानिध्य लाभ का मोह मुझे योजना न होने पर प्रयाग पढ़ने के लिए खींच लाया हो। जिनकी विशेष अनुमति से ही मेरा संघ शिक्षा वर्ग- तृतीय वर्ष हुआ हो। जो मेरे दादा गुरु हो! मेरे व्यक्तिगत जीवन के महत्वपूर्ण निर्णय जिनकी इच्छा एवं संकेत का परिणाम रहते हों। जो अतिव्यस्त रहते हुए भी मेरी प्रतिभाओं, गुणों को उजागर करते हों एवं संवारते हों। पू० माता, पिता एवं अन्य मित्रों से अनंत गुना जिनका स्नेह प्यार भरा संरक्षण एवं मार्गदर्शन मिलता रहा हो, उनको पू० सरसंघचालक के रूप में पाकर जिस आनंद का अनुभव हो रहा है वह मेरे लिए अनिर्वचनीय है। परमेश्वर इसके लिए बधाई के पात्र हैं।

आपका अपना

राजाराम यादव

चित्रकूट ग्रामोदय विश्वविद्यालय

13.

पत्र के जवाब में रज्जू भइया द्वारा प्रेषित राजाराम यादव को पत्र

Dear Raja Ram, Ashish

Your loving letter, your feelings that of a devoted worker and dear student. It is highly generous task but God's is there to fall back upon. your university is also going through a difficult period. Stick to it, follow Nanajee in perserverence.

All success to you. I do not write in my own hand because of a pressure but this is Specially for you.

Dr. Raja Ram Yadav तुम्हारा

Physics Department रज्जू भइया

University Chitrakoot

14.

प्रेरणापुञ्ज, मा० अशोक सिंहल जी

रा० स्व० संघ के प्रचारक,
विश्व हिन्दू परिषद के राष्ट्रीय महामंत्री
राम जन्मभूमि मुक्ति आन्दोलन के प्रमुख सूत्रधार।

1972 में जब मैं रा० स्व० संघ का प्रथम वर्ष संघ प्रशिक्षण कर रहा था। उस वर्ग में मा० अशोक सिंहल जी वर्ग के बौद्धिक प्रमुख थे। गीत कक्षा लेते थे। उनका गीत भी मैंने प०पू० माधव राव सदाशिव राव गोलवलकर जी के वर्ग में आगमन के पहले दिन सुना था। उस समय अशोक जी भाई साहब कानपुर संभाग प्रचारक थे, जिसमें हमीरपुर जिला भी आता था। संयोग ही था कि जब भी वे हमीरपुर आते, मुझको ज्वर हो जाया करता था। यह बात अशोक भाई साहब को याद हो गई थी। मा० अशोक जी ने मुझे एक बार बताया था कि अगर मैं संघ का प्रचारक न होता तो शास्त्रीय संगीत का गायक बनता। पं० ओकारनाथ ठाकुर (विश्व विख्यात शास्त्रीय संगीत गायक) जी का मैं शिष्य बनने वाला था। चित्रकूट ग्रामोदय विश्वविद्यालय में जब वे चित्रकूट आये तो मेरे छोटे से प्रमोदवन के कमरे में एक घण्टा रहे। गाँव के कठिया गेहूँ का, गाय के दूध से बना दलिया भी उन्होंने खाया। साथ में विश्व हिन्दू परिषद के मंत्री (प्रचारक) श्री पुरुषोत्तम सिंह जी भी साथ में थे। मा० अशोक सिंहल जी एक उच्चस्तरीय आध्यात्मिक महापुरुष थे।

1996 में जब मैं रीडर होकर इलाहाबाद विश्वविद्यालय आया, तो उन्होंने आग्रहपूर्वक इलाहाबाद के अपने भव्य पैतृक आवास, महावीर भवन में मुझको कई वर्ष रखा। अपने सामने मेरा सामान रहने हेतु मँगवाया। मैं जब भी कही उनका इलाहाबाद विश्वविद्यालय के किसी छात्रावास में कार्यक्रम रखता वे अवश्य आते । विश्वविद्यालय के छात्र बेहद प्रभावित होते थे। मोतीलाल नेहरू राष्ट्रीय प्रौद्योगिकी संस्थान, इलाहाबाद में, डायमण्ड जुबिली छात्रावास के कामन हाल में तथा ईश्वर शरण डिग्री कालेज के अन्दर उनके कार्यक्रम मैंने करवाये थे। अशोक भाई साहब के छोटे भाई श्री भारतेन्दु प्रकाश सिंहल (उ०प्र० पुलिस महानिदेशक) जी ने एक "सांस्कृतिक गौरव संस्थान" संगठन बनाया था। उत्तर प्रदेश का अध्यक्ष रिटायर्ड कमिश्नर श्री गिरिधर गोपाल आई०ए०एस० को तथा मुझे उ०प्र० का महासचिव बनाया गया था। अनेक बड़े कार्यक्रम किये गये गये। इसी बीच एक घटना घटी।

एक अपने राष्ट्रीय स्वयंसेवक संघ के कार्यकर्ता, साथ ही मुझसे जूनियर जिनको लोग मेरा सगा छोटा भाई ही समझते थे, मेरे हमीरपुर जिले के ही रहने वाले थे। मेरी रीडर की नियुक्ति के खिलाफ धारा-68 के तहत राजभवन में प्रत्यावेदन दिया था। भाजपा के ही राज्यपाल सूरजभान जी ने मेरी नियुक्ति रद्द कर दी थी। मा० अशोक सिंहल जी को मैंने नहीं बताया था, किन्तु जब उनको पता चला, तो उन्होंने सूरजभान जी को अपने रूद्र रूप को प्रकट करते हुए बहुत डाँट लगायी। मा० अशोक जी ने सूरजभान को कहा कि आपने इतना गलत काम किया है कि दुनिया में इससे बढ़कर गलत काम कोई हो ही नहीं सकता। अन्त में सूरजभान जी को उ०प्र० के राज्यपाल पद से हटना पड़ा। हाईकोर्ट के मा० न्यायमूर्ति मार्कण्डेय काटजू जी ने राज्यपाल के आदेश पर रोक लगा दी एवं मा० न्यायमूर्ति सुधीरनारायण जी ने मेरे पक्ष में बहुत जबरदस्त फैसला देते हुए मुझको

अद्वितीय वैज्ञानिक की संज्ञा दी। यह फैसला लॉ जर्नल में प्रकाशित हुआ था। केस के दौरान श्री सुरेन्द्र सिंह जी (ओ०एन०जी०सी० - जी०एम०) का सहयोग मैं नहीं भूल सकता।

इस घटना में मैं यह भी बताना चाहता हूँ कि मेरी नियुक्ति के खिलाफ केस करने वाले कार्यकर्ता को मा० स्वान्तरन्जन जी (संघ के अखिल भारतीय प्रचारक) एवं तत्कालीन प्रान्त कार्यवाह डा० राजेन्द्र प्रसाद अग्रवाल जी ने केस करने को मना भी किया था किन्तु भौतिकी के ही एक प्रोफिसर के कहने पर और अपने अहंकार के वश में उन्होंने किसी की बात को नहीं माना।

मा० श्री कृष्ण दास माहेश्वरी जो (तत्कालीन बृज प्रान्त के प्रान्त प्रचारक) ने मेरे द्वारा न कहने पर भी श्री रामेश्वर गोयल जी (तत्कालीन एडवोकेट जनरल) से मेरे लिए बात करने गोयल साहब के घर गये थे। मा० दास जी बहुत आदर्श प्रचारक माने जाते थे।

उसी प्रकार मेरे तत्कालीन प्रान्त प्रचारक रहे मा० जयगोपाल जी को जब बात पता चला तो मेरे बिना कहे मा० जयगोपाल जी स्वयं मेरे लिए राजभवन गये।

पहले संघ के प्रचारक एक एक कार्यकर्ता की व्यक्तिगत कितनी चिन्ता करते थे, इसका अनुमान मेरे साथ घटी इस घटना से लगाया जा सकता है।

2014 में जब मैं प्रोफेसर हो चुका था और भारतीय जनता पार्टी की सरकार बन गयी थी। श्री मती स्मृति ईरानी केन्द्रीय शिक्षा मंत्री बनायी गयी थी। मा० मोदी जी प्रधानमंत्री थे। उसी समय इलाहाबाद विश्वविद्यालय में कुलपति पद पर नियुक्ति होनी थी। मा० अशोक सिंहल जी ने संघ परिवार में सबको बता दिया था कि इलाहाबाद विश्वविद्यालय के लिए डा० राजाराम यादव से अच्छा कुलपति कोई दूसरा नहीं हो सकता। किन्तु

सर्च कमेटी को लेकर इलाहाबाद विश्वविद्यालय की एक जाति विशेष की लॉबी ने हाईकोर्ट में केस कर दिया जिससे नियुक्ति की प्रक्रिया में 3 महीने की देरी हो गई। दुर्भाग्यवश इसी बीच मा० अशोक सिंहल भाई साहब का देहान्त हो गया था। देहान्त होने के कारण कहानी बदल गई। लोग बदल गये। मा० अशोक जी की इच्छा अधूरी रह गई। इलाहाबाद विश्वविद्यालय में कुलपति पद हेतु मा० रज्जू भइया के शिष्य सी०एस०आई०आर० के महानिदेशक, भारतीय राष्ट्रीय विज्ञान अकादमी (आई०एन०एस०ए०) नई दिल्ली के अध्यक्ष, पद्म भूषण प्रोफेसर श्री कृष्ण जोशी जी ने मेरा नामांकन भेजा था।

तदुपरान्त 2017 में तत्कालीन महामहिम राज्यपाल उ० प्र० मा० राम नाईक जी ने वीर बहादुर सिंह पूर्वाञ्चल विश्वविद्यालय, जौनपुर (उ०प्र०) में कुलपति पद पर नियुक्ति कर दी।

मा० अशोक सिंहल जी के महाप्रयाण के दिन मैं दिल्ली में था। अतः अशोक भाई साहब का अन्तिम दर्शन कर सका। लेकिन जातिवादी मानसिकता हिन्दू समाज में रग रग व्याप्त है, परिणामस्वरूप में उनके आवास में रहा, लेकिन केशव भवन विश्वहिन्दू परिषद कार्यालय प्रयागराज में शोकसभा में मुझे दो शब्द श्रद्धाञ्जलि स्वरूप बोलने के लिए नहीं दिया गया।

15.

प्रेरणा पुञ्ज प्रोफेसर श्री कृष्ण जोशी, प्रो० कृष्ण लाल एफ०एन०ए०, प्रोफेसर विक्रम कुमार एफ०एन०ए०, डा० बल्देव राज एफ०एन०ए०

विज्ञान जगत के शिखर पुरुषों में सी०एस०आई०आर० के महानिदेशक, एन०पी०एल० के डायरेक्टर, रुड़की विश्वविद्यालय में लम्बे काल तक भौतिकी के विभागाध्यक्ष प्रोफेसर श्री कृष्ण जोशी जी एवं प्रो० कृष्ण लाल एफ०एन०ए० (पूर्व एन०पी०एल० के डायरेक्टर, आई०एन०एस०ए० के अध्यक्ष) जी एवं प्रोफेसर विक्रम कुमार (पूर्व निदेशक – राष्ट्रीय भौतिक प्रयोगशाला) जी के प्रयास से मुझको 2012 में आई०एन०एस०ए० शिक्षक पुरस्कार प्राप्त हुआ। उत्तर भारत में केवल मुझको ही दिया गया था। "Ultrasonics Society of India" का अध्यक्ष मुझे नियुक्त किया गया। आप सबसे मैंने विज्ञान में रिसर्च करने की प्रेरणा प्राप्त की। आप सभी महान बैज्ञानिकों को मेरा शत शत प्रणाम।

** डा० बल्देव राज (निदेशक – इंदिरा गांधी परमाणु अनुसंधान केंद्र, कल्पक्कम, तमिलनाडु)- राजाराम जी आपके सभी पी-एच०डी० छात्रों की नियुक्ति करूंगा।*

मैंने अपने एक रिसर्च स्कालर डा० आलोक कुमार गुप्ता का पी-एच०डी० बाह्य परीक्षक (भारत) डॉ० बल्देवराज जी को बनाया था।

पी-एच०डी थीसिस उन्होंने चेक करके रिपोर्ट भेज दिया। इलाहाबाद विश्वविद्यालय भौतिकी विभाग में दो बाहय परीक्षकों में एक भारत से ओर एक विदेशी संस्थान से होता है। अतः पी-एचडी वाइवा के लिए डा० बल्देव राज जी से मैंने फोन पर बात की तो उन्होंने कहा बहुत व्यस्त रहता हूँ, इसलिए वाइवा दूसरे से करा लो या विद्यार्थी को कलपक्कम भेज दो। विश्वविद्यालय के नियम में विद्यार्थी जा नहीं सकता था। अतः मैंने सोचा क्या करूँ फिर मा० नाना जी देशमुख जी ने चित्रकूट में एक बार पत्र कैसे लिखना चाहिए यह बताया था, उन्होंने बताया था कि एक-एक शब्द सोचकर लिखो जिसके पास पत्र जा रहा है उस पर असर होना चाहिए। यही बात ध्यान रखकर मैंने 3 घण्टा समय खर्च करके एक पेज का डा० बल्देवराज जी को हृदयस्पर्शी ई-मेल किया। जैसे ईमेल उनके पास पहुँचा तो उनका फोन आया कि राजाराम जी आपने ऐसा मेल किया है कि मेरे पास वाइवा के लिए इलाहाबाद आने के अलावा कोई चारा नहीं। फिर वो वाइवा लेने इलाहाबाद आये। उनके लेक्चर को सुनने के लिए लेक्चर थियेटर खचाखच भरा था, व्हील चेयर पर बैठकर भी उनका लेक्चर सुनने लोग आये थे। वाइवा के बाद उन्होंने मुझसे कहा था डा० आलोक की नियुक्ति मैंने आई०जी०सी०ए०आर०- कल्पक्कम में वैज्ञानिक के पद पर यहीं मैंने कर दी, इसको भेज देना। आगे और भी उन्होंने कहा कि आगे जितने विद्यार्थी आपके साथ पी-एच०डी० पूरा करेंगे, सभी की नियुक्ति मैं आई०जी०सी०ए०आर० में करूँगा। यह वाक्य मेरे लिए अप्रत्याशित था। 2018 में जब मैं पूर्वाञ्चल विश्वविद्यालय का कुलपति था तो दीक्षान्त समारोह के मुख्य अतिथि के रूप में उनको आना था। किन्तु ईश्वर की इच्छा कुछ और थी, कार्यक्रम के एक मास पूर्व अचानक उनका स्वर्गवास हो गया। ऐसे महामानव महान वैज्ञानिक को मेरा शत शत प्रणाम ।

16.

प्रेरणा पुञ्ज विख्यात वैज्ञानिक प्रोफेसर बाल कृष्ण अग्रवाल एफ० एन० ए०

प्रोफेसर बाल कृष्ण अग्रवाल जी 1975 में जब मैंने इलाहाबाद विश्वविद्यालय में बी०एस-सी० (प्रथम पर्ष) में प्रवेश लिया उस समय वे राष्ट्रीय स्वयं सेवक संघ के प्रयाग महानगर कार्यवाह थे। प्रोफेसर बाल कृष्ण अग्रवाल जी ने इलाहाबाद विश्वविद्यालय से ही बी०एस-सी० किया था। बी०एस-सी० गणित में उनके 97% अंक थे तथा इलाहाबाद विश्वविद्यालय का यह रिकार्ड कोई तोड़ नहीं पाया। पूज्य प्रो० राजेन्द्र सिंह (रज्जू भइया) जी के प्रभाव से ही वे संघ में आये। सर बहुत आदर्शवादी प्रोफेसर हैं। जातिवाद के घोर विरोधी थे। 1996 में इलाहाबाद विश्वविद्यालय के भौतिकी विभाग में रीडर के पद पर उन्होंने ही मेरी नियुक्ति की थी, उस समय प्रो० बाल कृष्ण जी भौतिकी विभाग के अध्यक्ष थे। उन्होंने ही भौतिकी विभाग में ''कन्डेन्सड मैटर फिजिक्स'' का स्पेशलाइजेशन प्रारम्भ किया था, जिसका उद्घाटन विख्यात परमाणु वैज्ञानिक डा० राजारामन्ना एवं प्रोफेसर सी० एल० खेत्रपाल ने किया था। मेरे कुलपति बनने में भी उनका आशीर्वाद था। कुलपति बनने के पूर्व प्रो० बालकृष्ण सर ने मुझसे वचन लिया कि तुम कुलपति के रूप में न्याय करोगे। जिसका मैंने वादा के अनुरूप पालन किया। कुलपति कार्यकाल में प्रो० राजेन्द्र सिंह (रज्जू भइया) भौतिकीय विज्ञान अध्ययन एवं शोध संस्थान, मा०

अशोक सिंहल परम्परागत विज्ञान एवं तकनीकी संस्थान की स्थापना में भी एकडेमिक काउन्सिल के माननीय सदस्य के रूप में उनका सहयोग एवं आशीर्वाद रहा। ऐसे महापुरुष को शत-शत प्रणाम।

जब तक डा० राजाराम यादव जी की नियुक्ति प्रोफेसर के पद पर नहीं कर लेता, तब इलाहाबाद विश्वविद्यालय में मेरी कलम से कोई प्रोफेसर नहीं बनेगा (एक माह के अन्दर करके दिखाऊँगा)

-प्रोफेसर राजन गोविन्द हर्षे (2006)

(तत्कालीन कुलपति - इलाहाबाद विश्वविद्यालय)

2006 में मैंने Ultrasonics Society of India की राष्ट्रीय सम्मेलन आयोजित की थी। प्रो० राजन हर्षे उस समय इलाहाबाद विश्वविद्यालय के कुलपति थे। सम्मेलन में खासकर सन्ध्या समय सांस्कृतिक शास्त्रीय संगीत के प्रोग्राम से, वे मुझसे बेहद प्रभावित थे। पग-पग पर कुलपति के रूप में मेरा सहयोग करते थे एक बार यू०जी०सी० ने मुझे 15 लाख रुपये ए० पी० एस०-100 वैज्ञानिक उपकरण खरीदने के लिए दिया था, किन्तु उपकरण 21 लाख रुपये में आ रहा था। प्रो0 राजन हर्षे के पास मैं गया, उन्होंने तुरन्त 6 लाख रुपये विश्वविद्यालय की ओ०बी०सी० हेड से दे दिया।

2006 में मेरा सी०ए०एस० के अन्तर्गत प्रोफेसर पद पर नियुक्ति होनी थी। उस समय नियम यह था कि इन्टरव्यू के पहले 3 विषय विशेषज्ञ के पास 5 रिसर्च पेपर तथा बायोडेटा कमेन्ट्स के लिए भेजा जाता था। विभाग के ही एक भौतिकी से सम्बन्धित मुझसे कनिष्ठ एक प्राध्यापक ने विश्वविद्यालय में मुझसे सीनियर होने के लिए एक कुचक्र रचा। विश्वविद्यालय के रजिस्ट्रार द्वारा तीनों विषय विशेषज्ञ के पास मेरा बायोडेटा नहीं भेजा गया। केवल एक-एक रिसर्च पेपर्स ही भेजा। जबकि

मेरे सम्बन्धित कार्यकाल के 36 पेपर प्रकाशित थे। रजिस्ट्रार को उन्होंने कई तरह से मैनेज किया था। दो विषय विशेषज्ञ मुझको एकेडेमिक रूप से अच्छी तरह जानते थे, उन्होंने बड़ी प्रबल संतुति भेज दी। केवल एक ने बिना कमेण्ट के वापस कर दिया कि एक पेपर के आधार पर मैं क्या लिखूँ? प्रो० राजन हर्षे साहब जवाहर नेहरू विश्वविद्यालय के छात्र रहे थे, साम्यवादी विचारधारा के थे। हैदराबाद विश्वविद्यालय के राजनीति विषय के प्रोफेसर थे। उनको इलाहाबाद विश्वविद्यालय की अन्दरूनी राजनीति का इतना अन्दाजा नहीं था। साक्षात्कार के लिए मैं अन्दर गया लेकिन इन्टरव्यू बोर्ड के सामने मेरा साक्षात्कार नहीं हो पाया। भौतिकी से सम्बन्धित विभाग के प्राध्यापक ने यू०जी०सी० नामिनी को मेरे खिलाफ भर दिया था। उसने आब्जेक्शन खड़ा कर दिया कि तीनो रिपोर्ट पाजिटिव होना चाहिए। प्रो० हर्षे साहब ने मुझसे कहा कि "Dr. Yadav you are best in Physics Department, Allahabad University, But due to some technicallity, We can't meet for you at this moment. But you believe on God and the expert Professor, we we'll meet again for you within one month."

Interview Board के एक मेम्बर बी०एच०यू० के प्रोफेसर श्री सिंह जी ने बताया था कि हर्षे साहब ने कह दिया था कि जब तक यादव जी को प्रोफेसर नहीं बना लेता तब तक मेरी कलम से एक भी प्रोफेसर नहीं होगा। एक माह के अन्दर फिर से कमेटी बैठाऊँगा। दिल्ली में कमेटी बैठानी पड़ेगी तो दिल्ली में। और उन्होंने एक माह के भीतर मुझको प्रोफेसर बनाके दिखा दिया। मेरे लिए उन्होंने रातों-रात यूनीवर्सिटी काउन्सिल की मीटिंग स्थगित कर दी।

एक महीने के भीतर जब दुबारा मेरे अकेले के लिए सेलेक्शन कमेटी हुई तो यू०जी०सी, नामिनी सरदार पटेल यूनिवर्सिटी का वो प्रोफेसर फिर

बदमाशी कर रहा था। उसने कहा कि इनके ड्यू पीरियड के 5 पेपर रिव्यू होना चाहिए। तब एक मेम्बर प्रोफेसर श्री सिंह ने मेरे सामने ही बहुत जोर डाँटा कहा Professor listen me Dr. Yadav produced 12 Ph.D. Students, completed more than 4 major research Project costing around 4 Crores. He has organized wonderful National Conference and published more than 130 research papers in the journals of international repute and 36 papers within due period and worked hard for many administrative assignments for the university. I asking you, in addition to that what you want for Professorship?

Then प्रोफेसर हर्षे साहब ने कहा कि Professor (UGC nominee) listen, as a Vice-Chancellor of the University and chairman of the Selection Committee, I am telling you before the members, what you observe, you can write in the minutes of the meeting it is upto you, we do not bother, but the case will be decided by the experts not by you.

इसके बाद मेरा इन्टरव्यू प्रारम्भ हुआ। बाद में प्रोफेसर हर्षे सर ने इंग्लिश के एक प्रोफेसर से कहा था कि मैंने इन्टरव्यू तो बहुत लिये लेकिन डॉ० राजाराम यादव ने जो अद्भुत इन्टरव्यू दिया था, वैसा किसी ने नहीं दिया। मेरे साक्षात्कार के बाद उन्होंने यूनीवर्सिटी कॉउन्सिल की मीटिंग आयोजित की और उनका वादा पूरा हुआ।

प्रो० राजन हर्षे सर ने ही पूर्वाञ्चल विश्वविद्यालय के कुलपति पद के लिए महामहिम राज्यपाल मा० रामजाइक जी को नामांकन भेजा था।

एक बार मैंने दिल्ली में उनसे पूछा सर आपने मेरे लिए इतना

अप्रत्याशित सहयोग क्यों किया? तो उन्होंने एक मेरे लिए बहुत आनंददायक आश्चर्यपूर्ण जवाब दिया।

उन्होंने कहा राजाराम आप मेरे पास अपने छात्रों के काम से, विभाग के काम से पचासों बार आये थे किन्तु जो व्यक्तिगत रूप से आपके बहुत विरोधी थे या अन्य किसी की एक शब्द आपने कभी बुरायी नहीं की, आपने शिकायत नहीं की। यह बात आपको विश्वविद्यालय के अन्य सभी प्रोफेसर से अलग करती थी। मुझे भी सुनकर आश्चर्य मिश्रित सन्तोष का अनुभव हुआ।

ऐसे महान शिक्षा क्षेत्र के कुशल प्रशासक, विद्वान प्रो० हर्षे सर को शत-शत प्रणाम।

17.

राष्ट्रीय स्वयंसेवक संघ के महान व्यक्तित्व प॰पू॰ बाला साहब देवरस

राष्ट्रीय स्वयं सेवक संघ के तृतीय सरसंघचालक पूजनीय बाला साहब देवरस जी को मैंने नजदीक से अनुभव किया। वे राष्ट्र के कमजोर से कमजोर सामाजिक रूप से उपेक्षित, सामाजिक अन्याय से पीड़ित वर्गों के प्रति बेहद संवेदनशील थे। तद्रूप उन्होंने राष्ट्रीय स्वयंसेवक संघ में निर्णय भी लिए। ऐसी महान उदार आत्मा को मेरा कोटिशः वंदन पुण्य स्मरण ।

असम में संघ कार्य को प्रतिष्ठित करने वाले आदर्श व्यक्तित्व मा० श्रीकान्त जोशी (असम प्रान्त प्रचारक, अ०भा० प्रचारक प्रमुख)

मा० श्री कान्त जोशी जी अनेक क्षमताओं के धनी थे। हिन्दुस्तान समाचार (भारतीय भाषाओं की संवाद समिति) मुझे केन्द्रीय निदेशक मण्डल का सदस्य बनाया। मेरे कुलपति बनने के लिए प्रयास किया। जब कभी भी प्रयाग आते, तो कालोनी में मेरे आवास पर मेरी माता जी से मिलने जरूर आते थे। अन्तिम दिनों में पू० बाला साहब देवरस जी की डा० हेडगेवार समझकर सेवा की थी।

एक बार मैंने उनसे पूछा भाई साहब आप बम्बई विश्वविद्यालय से एम०ए० होने के बाद असम जैसे बीहड़ सब दृष्टियों से अत्यन्त कठिन क्षेत्र में अपने जीवन के लंबे काल तक कैसे कार्य किया? उन्होंने बड़ा मार्मिक उत्तर दिया, उन्होंने कहा सम्पूर्ण देश अपनी भारत माता है यही

भाव ही हमेशा प्रेरणा एवं शक्ति देता रहा। एक बार मैं रात में गुवाहाटी संघ कार्यालय में रुका था। मैं बिना मच्छरदानी लगाये ही सो गया। जब मैं प्रातः जगा तो देखा कि मेरे बिस्तर के चारों तरफ मच्छरदानी लगी हुई थी। मुझे बड़ा आश्चर्य हुआ। जब खोजबीन प्रारम्भ हुई तो पता चला कि देर रात प्रान्त प्रचारक मा० श्री कान्त जी आये तो देखा राजाराम जी बिना मच्छरदानी के सो रहे हैं, तो उन्होंने बिना किसी को जगाये हुए स्वयं बक्शे से निकालकर मच्छरदानी लगायी थी। ऐसे महान संघ प्रचारकों ने ही मुझको प्रभावित किया था।

मा० श्री कान्त जी को शत शत प्रणाम।

दूसरे तत्कालीन सह प्रान्त प्रचारक मा० मधुकर लिमये असम के आदर्शवादी प्रेरणा स्रोत थे। मुम्बई विश्वविद्यालय से गणित में प्रथम श्रेणी एम०एस-सी० करने के उपरान्त असम में कार्य करने आये थे। असम में उन्होंने अनेक असमिया भाषी प्रभावशाली लोगों को संघ का कार्यकर्ता बनाया जैसे तत्कालीन प्रान्त कार्यवाह मा० भूमिदेव गोस्वामी जी। मा० शशिकान्त चौथाई वाले, मा० गौरीशंकर चक्रवर्ती, श्री अशोक नारायण यादव, श्री नंद कुमार जोशी जी, रत्नेश्वर देवरी जी, पृथ्वीराज लाहोटी जी, मा० श्यामल दा, सिद्धार्थ बरठाकुर, मा० शरच्चन्द्र बरठाकुर (गगन दा), लोकेश्वर गोगई, विपुल सैकिया, सुरेश बरठाकुर, तत्कालीन छात्र कार्यकर्ता सव्यसाचीन सेन गुप्ता, अशोक हजारिका, जुगुल जी, देवाशीष बरठाकुर, फणी बुकन बोरा, प्रफुल्ल जी, विकास जी आदि। तिनसुकिया संघ शिक्षा वर्ग के दौरान मैंने डा० हेडगेवार जी की 35 जनजाति भाषाओं में लिखी जाने वाली जीवनी को हिन्दी में मैंने ही तैयार किया था।

एक बार मधुकर जी ने मुझे बताया राजाराम जी मैं राष्ट्रीय स्वयं सेवक संघ का प्रचारक हूँ किसी सर संघचालक का प्रचारक नही हूँ।

18.

रा॰ स्व॰ संघ के पञ्चम सर संघचालक मा॰ सुदर्शन जी

मा॰ सुदर्शन जी से मेरा सम्बन्ध असम में हुआ। वे अद्वितीय वक्ता थे। असम समस्या, पंजाब समस्या एवं अनेक विषयों पर उनका गहरा अध्ययन था। एक बार वे शिवसागर (असम) दौरे पर आये तो उनकी एक चप्पल टूट गयी थी, बाजार में मरम्मत की दुकान खुली नहीं थी हमने कहा दूसरी नई खरीद देते हैं आपको। उन्होंने मना कर दिया बोले एक जोड़ी चप्पल गौहाटी कार्यालय पर रखी है इसलिए, नई नहीं खरीदना है। अन्त में बड़ी मश्किल हमने मरम्मत करवा के दी ऐसे कठोर आर्दशवादी मा॰ सुदर्शन जी थे। मा॰ सुदर्शन जी को शत शत नमन।

मा॰ जयगोपालजी (मेरे प्रान्त प्रचारक, क्षेत्र प्रचारक), मा॰ श्री कृष्णदास माहेश्वरी जी, मा॰ लक्ष्मणराव श्री कृष्ण भिड़े जी, मा॰ ज्योति जी (प्रान्त प्रचारक), डा॰ अमर सिंहजी, प्रो॰ डॉ॰ राजेन्द्र प्रसाद अग्रवाल (प्रान्त कार्यवाह), मा॰ सुरेन्द्र सिंह चौहान (तत्कालीन सह प्रान्त कार्यावाह महाकौशल प्रान्त), मा॰ स्वान्त जी मेरे अत्यन्त अन्तरंग, मा॰ श्री शिव नारायण जी, मा॰ श्री अनिल जी, सूबेदार सिंह जी आदि अनेक महान व्यक्तित्वों से मैंने संघकार्य की प्रेरणा प्राप्त की। संघ कार्य में आनंद का अनुभव किया।

सन्तों की महिमा अपार, पार कोई पाता नहीं

मुझको बचपन से ही पूज्य सन्त महात्माओं का आशीर्वाद मिलता रहा।

बचपन में मेरे आध्यात्मिक गुरू दशनामी नागा संन्यासी स्वामी शान्तिदेव महाराज जी ने मुझे शास्त्रीय संगीत का कलाकार बनाया जिसके कारण मैं क्षेत्र में, अपने कालेज में, इलाहाबाद विश्वविद्यालय में, ओ०एन०जी०सी० में, संघ यात्रा में, कुलपति कार्यकाल में अत्यन्त लोकप्रिय रहा। स्वामी शान्तिदेव महाराज के गुरु भरुआ सुमेरपुर गायत्री कुटी (हमीरपुर) उ०प्र० के सिद्ध सन्त थे। नागा जी महाराज एवं रोटी राम महाराज के नाम से विख्यात थे। उनका आशीर्वाद प्राप्त हुआ। साध्वी ऋतम्भरा के गुरू स्वामी परमानंद जी के गुरु पीलीकोठी चित्रकूट के संस्थापक स्वामी अखण्डानंद महाराज जी का सत्संग आशीर्वाद प्राप्त हुआ। स्वामी दिव्यानंद जी (महंत पीली कोठी चित्रकूट) का स्नेह बराबर मिलता रहा। मेरे स्वामी जी पू० स्वामी शान्तिदेव महाराज जी, जब ओ०एन०जी०सी० 1983 में नियुक्ति लेने असम जा रहा था तो उन्होंने कहा था लाला ओ०एन०जी०सी० ज्वाइन करो प्रथम श्रेणी की सर्विस है लेकिन इलाहाबाद विश्वविद्यालय में प्रोफेसर पद के लिए जरूर आवेदन पड़ा रहने देना। आवेदन पत्र मत हटाना। चित्रकूट ग्रामोदय विश्वविद्यालय जब ज्वाइन करने जा रहा था उस समय भी उन्होंने यही कहा था और अन्त में 1996 में मेरी नियुक्ति इलाहाबाद विश्वविद्यालय में भौतिकी विभाग में रीडर पद पर हुई, उनकी भविष्यवाणी सत्य सिद्ध हुई।

इसी प्रकार ऊधमपुर (जम्मू-कश्मीर) के इस्कॉन के अध्यक्ष (हरे कृष्ण हरे राम) पूज्य स्वामी नवयोगेन्द्र जी महाराज ने बहुत वर्ष पूर्व शायद 2006 में ही अचानक मेरे बारे में घोषणा कर दी -राजाराम जी आप उ०प्र० के मुख्यमन्त्री बनोगे या किसी विश्वविद्यालय के कुलपति बनोगे, उनकी भविष्यवाणी सही निकली और मै वीर बहादुर सिंह पूर्वाञ्चल विश्वविद्यालय, जौनपुर (उ०प्र०) का 2017 में कुलपति नियुक्त हुआ। 2019 में पूर्वाञ्चल विश्वविद्यालय के दीक्षान्त समारोह में मुख्य अतिथि

के रूप में मैंने उनको आमंत्रित किया। जिससे लाखों विद्यार्थियों को उनका आशीर्वाद प्राप्त हुआ। ऐसे अनेक महान सन्तों जैसे सन्त मुरारी बापू, सन्त आसाराम बापू, चित्रकूट में प्रमुख द्वार के महन्त पूज्य प्रेम पुजारीदास की, पूज्य निर्मोही अखाड़ा के महन्त राम आसरे दासजी, बाबा सत्य नारायण दासजी चित्रकूट चौपड़ा के पुजारी जी, स्वामी आत्मानंद जी, परशुराम स्वामी, श्री चंद महाराज जी, सुभागदत्त तिवारी जी, पं० झण्डीलाल मृदंगाचार्य जी, स्वामी निरूपानंदजी, स्वामी भवानीदीन महाराज जी, भगवानदीन उस्ताद (अद्वितीय ढोलक वादक), स्वामी प्रेमानंद महाराज जी, चाँयी महाराज, पू० संत प्रभूदत्त ब्रह्मचारी जी (प्रयागराज), व्यास जी महाराज, स्वामी दिव्यानंद जी महाराज (पीली कोठी चित्रकूट), गुरदहा के स्वामी सेवानंद जी (भगत) अनेकों पूज्य संतो ने मुझे आशीर्वाद स्वरूप उपदेश प्रदान किया।

मित्र सन्तों में महामण्डलेश्वर पू० स्वामी यतीन्द्रानंद महाराज जी - जीवन दीप आश्रम से, रुड़की (हरिद्वार) का नाम विशेष उल्लेखनीय है। प्राय: उनका आशीर्वाद प्रतिवर्ष स्वामी शान्तिदेव सेवा मंडल द्वारा संचालित गोपेश्वर धाम (महोबा) में मिलता है।

आज के बहुत चर्चित / प्रसिद्ध सन्तों में प०पू० स्वामी रामदेव जी महाराज (पतंजलि), स्वामी सत्य मित्रानंदजी महाराज, श्री श्री रविशंकर जी महाराज, शान्ति कुञ्ज हरिद्वार की माता जी, स्वामी राम भद्राचार्य जी महाराज (तुलसी पीठ, चित्रकूट) आदि।

बाबा कमलदासजी एवं रामजी दास, सन्तोषी आखाड़ा, चित्रकूट

बाबा कमलदास जी पंजाब में जन्मे, उस्मानिया युनिवर्सिटी में कामर्स के ग्रेजुएट, विश्वविद्यालय छात्रसंघ के महामंत्री, एवं कलकत्ता महानगरी में अनेक उद्योग प्रतिष्ठानों के सी०ए० (चार्टर्ड अकाउंटेंट) रहे चित्रकूट संतोषी अखाड़ा में सन्त हो गये। चित्रकूट ग्रामोदय विश्वविद्यालय में

प्रोजेक्ट डायरेक्टर, डिप्टी रजिस्ट्रार, वित्त नियन्त्रक भी रहे। बाबरी ढाँचा जब ध्वस्त हुआ था तब वे चित्रकूट से अयोध्या कार सेवा में गये थे। मेरी महाराज जी से अत्यन्त निकटता रही। अत्यंत प्रतिभाशाली, मेधावी संत थे। अँग्रेजी भाषा पर अधिकार था। महोबा गोपेश्वरधाम, गोपेश्वर भगवान का मन्दिर, संदीपनी छात्रावास बनने में उन्ही का मार्गदर्शन एवं कठोर परिश्रम था अनेक वर्षों तक उन्होंने गोपेश्वर धाम प्रमुख के रूप में संचालन किया था। ऐसे धर्मात्मा, महान् सन्त को मेरा शत शत नमन।

संतोषी अखाड़ा के वर्तमान महंत, बाबा कमलदास जी के गुरुभाई पू० रामजी दास का हमारे कर्म जीवन में बहुत प्रेम एवं सहयोग रहा। चित्रकूट ग्रामोदय विश्वविद्यालय 1992 में जब गया तो कई महीने मेरा आवास सन्तोषी अखाड़ा ही रहा। आज भी सावन के झूला महोत्सव में संतोषी अखाड़ा जाता हूँ। पू० महंत राम जी दास को मेरा शत शत प्रणाम।

अद्वितीय प्रतिभाशाली हृदयवान कर्मठ छात्रनेता - श्री उद्देश्य सिंह

वीर बहादुर सिंह पूर्वाञ्चल विश्वविद्यालय में कुलपति कार्यकाल के दौरान लाखों छात्रों से परिचय हुआ। किन्तु श्री उद्देश्य सिंह ने मुझे बेहद प्रभावित किया। छात्रनेता के रूप में जब वह छात्रों की समस्या को लेकर पहली बार कार्यालय में बात रखी। मैंनें 5 मिनट में अपने प्रचारक जीवन के अनुभव का प्रयोग करते हुए उसकी प्रतिभा को पहचान लिया। 15 अगस्त को कुलपति के रूप में अपने भाषण के पूर्व, मैं उद्देश्य सिंह का भाषण करवाता था। उद्देश्य सिंह ने छात्रनेता के रूप में बहुत ख्याति अर्जित की। किसी भी विषय को बहुत प्रभावी ढंग से रखने की उसके अन्दर अद्वितीय प्रतिभा है। समाज के हर वर्ग के अधिसंख्य छात्रों से उसके आत्मीय स्थायी संबंध है। समाज के हित के लिए उसने अपना जीवन समर्पित किया है। परमात्मा से मैं प्रार्थना करता हूँ कि उद्देश्य सिंह एक दिन आदर्श लोकप्रिय राजनेता के रूप में राष्ट्र की सेवा करे।

19.

मेरा अल्ट्रासाउण्ड, नैनो साइंस अनुसन्धान परिवार

मैनें 1998 से लेकर 2020 तक पी-एच०डी० छात्रों का मार्गदर्शन किया है। निम्नांकित 20 छात्रों को मैंने शोध कराया आज वे सभी महत्वपूर्ण पदों पर राष्ट्र की सेवा कर रहे हैं।

1. डा० देवराज सिंह - प्रोफेसर
2. डा० अरविन्द कुमार तिवारी . प्रोफेसर
3. डा० धर्मेन्द्र कुमार पाण्डेय-प्रोफेसर
4. डा० प्रियंका अवस्थी - पी० सी० एस०
5. डा० आलोक कुमार गुप्ता - निदेशक, एन० आई० ओ० एस०
6. डा० प्रमोद कुमार यादव - प्रोफेसर
7. डा० अनिल कुमार यादव - प्रोफेसर
8. डा० गिरिधर मिश्र – प्रोफेसर
9. डा० सत्येन्द्र कुमार वर्मा - प्रोफेसर
10. डा० धर्मेन्द्र कुमार सिंह - प्रोफेसर
11. डा० मेहेरवान -वैज्ञानिक
12. डा० पुनीत कुमार धवन - प्रोफेसर

13. डा० आलोक कुमार वर्मा - प्रोफेसर

14. डा० विमल पाण्डेय - पूर्व प्रोफेसर

15. डा० मोहित गुप्ता – प्रोफेसर

16. डा० शक्ति प्रताप सिंह -प्रोफेसर

17. डा० काजल कुमार डे - वैज्ञानिक

18. डा० आसित कुमार जायसवाल – प्रोफेसर

19. डा० नवनीत यादव- वैज्ञानिक

20. डा० गौरव सिंह -(मार्गदर्शन)

21. डा० अजीत कुमार मधेशिया (मागदर्शन)- वैज्ञानिक

मेरे स्वयं के पी-एच०डी० पूर्ण करने के दौरान सी० एम० पी० कालेज के पूर्व प्राचार्य एवं भौतिकी के प्रोफेसर डा. किरन शंकर जी ने मेरा पग-पग पर मार्गदर्शन किया था।

अल्ट्रासॉनिक्स सोसाइटी ऑफ इण्डिया में प्रेसीडेंट के रूप में कार्य करने के दौरान डा ०एस०एस० अग्रवाल, डा० महावीर सिंह, डा० पी० पलानीचामी, डा० टी० जयकुमार, डा० युधिष्ठिर कुमार, डा० एस० जयाकुमार जी, डा० आई० जॉन्सन, डा० शक्तिपाण्डी, डा० अलिंगे, प्रो० विलासराव तभाने, डा० अशोक कुमार, डा० एस० के० जैन, डा० वी० आर० सिंह, डा० वी० राजेन्द्रन, डा० संजीव श्रीवास्तव, प्रो० राजेन्द्र कुमार सिंह, डा० प्रहलाद कुमार मिश्र, प्रो० रीता पैकरी, डा० ओ० पी० चिमनकर, डा० ज्योतिराजन, एस० के० गुप्ता, आदरणीय डा० वी०एन० विन्दल, प्रो० नीरज खरे, डा० विपिन जोशी, डा० मनोज पटैरिया, डा० पी० के० दुबे आदि अनेकों वरिष्ठ वैज्ञानिको, सहकर्मियों के साथ काम करने में आनंद आया। विक्रम विश्वविद्यालय के प्रो० एस०के० घोष, डा० निश्छल यादव का विशेष नाम उल्लेखनीय है।

सोसाइटी में भी अभिषेक यादव (इन्जीनियर का नाम उल्लेखनीय योगदान के लिए याद रहेगा)

डा० अमित अस्थाना (वैज्ञानिक) ने डा० आर० एन० यादव (उप निदेशक सी० एस० आई० आर० भोपाल) के एक ई-मेल पर पेरिस में मुझको अपने साथ ठहराया। फिर हिन्दुस्तान वापिस आने पर घनिष्ठ मित्र वैज्ञानिक हो गये।

प्रो० राम प्रकाश सिंह जी जो आई० आई० टी०, खड़गपुर में पदार्थ विज्ञान केंद्र में प्रमुख। रहे। लखनऊ विश्वविद्यालय के कुलपति रहे। उनके कुलपति कार्यकाल से बहुत सीखने को मिला।

डा० मेहेर वान जैसे पी-एच०डी० स्कालर मेरे जीवन में आये जिसने पी-एच०डी० के दौरान ही ''आधार कार्ड'' पर हिन्दी में एक पुस्तक लिख डाली जिसका विमोचन भूतपूर्व राष्ट्रपति महामहिम डा० ए० पी० जे० अब्दुल कलाम जी ने किया था।

अन्तर्राष्ट्रीय वैज्ञानिकों डा० क्रिस्ट ग्लोरियस (ल्यूवेन, बेल्जियम), प्रो डा० निको एफ० डेक्लेरिक (फ्रांस), डा० ल्यूस एलविरा सेंगुरा (स्पेन), चाइना के प्रोफेसर (Nanzing University of Science & Technology, China). Director and डा० नागेन्द्र प्रसाद यादव का मेरे जीवन में अद्वितीय महत्व है। प्रो. पामर, डा० नरेन्द्र ओझा (जर्मनी), डा० नरेन्द्र सिहं (ARIES, नैनीताल) को मैं कभी भूल नहीं सकता।

डा० पीयूष सक्सेना, प्रो० नीरज खरे, प्रो० राजीव कुमार, श्री अमित अस्थाना के अप्रतिम सहयोग को आजीवन स्मृति में संजोकर रखा जायेगा। मेरे गुरू एवं सहकर्मी प्रो० हरि प्रकाश, प्रो० रंजना प्रकाश जी के सहित उपर्युक्त मेरे छात्र जीवन के साथियों के हार्दिक सहयोग से ही कुलपति कार्यकाल के दौरान 4000 से ज्यादा कैम्पस सेलेक्शन छात्रों के हुए तथा

60 ग्रामीण छात्रों को (लगभग 12 वीं कक्षा तक शिक्षित) रिलायंस में स्थायी नौकरी मिली।

मेरे अन्तरंग छात्र जो असमय ही मुझे छोड़कर दुनिया से चले गये।

डा० आदित्य मणि मिश्रा: आदित्य का बी०एस-सी० III के प्रैक्टिकल कक्षा के दौरान मुझसे परिचय प्राप्त हुआ था। यही वह छात्र जिसको प्रैक्टिकल वाइवा में मैंने(9.5/10) दिये थे जो कि मैंने किसी छात्र को नहीं दिये। परीक्षा बाद वो प्राय: मेरे आवास आ जाया करता था जब उसका मन होता वह घर पर रह जाता था। उसके माँ, पिताजी थे लेकिन मेरे अलावा अपने जीवन में किसी को नहीं मानता था। जब पूर्वाञ्चल विश्वविद्यालय मे प्रोफेसर राजेन्द्र सिंह (रज्जू भैया) भौतिकीय विज्ञान अध्ययन शोध संस्थान की स्थापना की तो मेरे कहने पर ही वह राजस्थान में अपनी परमानेंट असिस्टेन्ट प्रोफेसर की सर्विस को त्यागते हुए, पूर्वाञ्चल विश्वविद्यालय के रज्जू भइया इन्स्टीट्यूट में गणित विभाग-असिस्टेंट प्रोफेसर पर ज्वाइन कर लिया। सेलेक्शन कमेटी मैनें जब तीसरे न० के इन्टरव्यू के बाद मैंने एक्सपर्ट्स से आदित्य के बारे में राय माँगी तो एक्सपर्ट्स ने कहा कि गणित में इससे योग्य लड़का आपको खोजने पर भी नहीं मिलेगा। जल्द ही वि०वि० में बहुत लोकप्रिय अध्यापक के रूप में प्रतिष्ठित हो गया। अपने माँ, पिता जी की एक मात्र लड़का था, विवाह उसके पिताजी ने उसकी असहमति के बावजूद जल्दी कर दिया था। हरि इच्छा बलीयसी, एक वर्ष उपरान्त वह अचानक हम सबको छोड़कर भगवान को प्यारा हो गया। करोना काल में अन्तर्राष्ट्रीय जर्नल में उसके दो रिसर्च पेपर प्रकाशित हुए थे। महामहिम राज्यपाल माननीय आनंदी बेन पटेल जी ने रिप्रिन्ट राजभवन में रखने के लिए मंगाये थे। एक मोबाइल अपने से ही खरीदकर मुझे दे गया जो आज भी उसकी स्मृतिस्वरुप मेरे

पास रखा है, आजीवन रहेगा। उसके जाने से मुझको गहरा आघात लगा। जिसकी पीड़ा आज भी मन को व्यथित कर देती है। उसके जाने के बाद उसके सहपाठियों ने एक फेसबुक पर पोस्ट लगायी थी- ''डा० आदित्य मणि मिश्रा'' हमारी क्लास का ''रामानुजन'' था।

दूसरा मेरा एक छात्र ''विकास गुप्ता'' जो कि इण्टर कालेज में प्रवक्ता था, अपने ध्यानयोग के अपने अनुभवों से मुझसे साझा करने मेरे पास इलाहाबाद आता था। एक दुर्घटना में वो असमय संसार से चला गया।

असम (नाजिरा) का स्वयं सेवक छात्र गगन दा का सुपुत्र - सिद्धार्थ बरठाकुर जो असम से मेरे आने के बाद मेरे साथ रहने के लिए इलाहाबाद आ गया था। बरसात में अकेले वह मेरे गाँव सिंहनपुर बघारी जि०-महोबा (उ०प्र०) गया था। असमय ही गुवाहाटी में उसका देहावसान हो गया।

अनुपम मिश्रा - एक छात्र

1996 में मैं चित्रकूट ग्रामोदय विश्वविद्यालय से इलाहाबाद विश्वविद्यालय के भौतिकी विभाग में "रीडर" पद पर सेवा प्रारम्भकर चुका था, उसके कुछ समय बाद चित्रकूट ग्रामोदय विश्वविद्यालय में प्रो० करुणाकरन कुलपति हो कर आये थे। प्रो० करुणाकरन गाँधीवादी थे। उसी दौरान मैं चित्रकूट गया था, मैं कार से जा रहा था तो बी० एस-सी०(जीवविज्ञान) का परिचत छात्र अनुपम मिश्रा मिल गया मैंने हालचाल पूछा- उसने बताया मैनें क्रोधवश किसी बात को लेकर कुलपति करुणाकरन जी से झगड़ा हो गया, अब मैं जेल जाऊँगा। मैं छिपा घूम रहा है। मैं फटाफट सामान सहित उसको अपनी कार में बैठाकर इलाहाबाद ले आया। इलाहाबाद विश्वविद्यालय के वनस्पति विज्ञान विभाग में उसका एम०एससी० में प्रवेश कराया। वह एम०एससी० प्रथम श्रेणी उत्तीर्ण कर लिया। समय से उत्तर प्रदेश सरकार की उसको नौकरी मिल गई। निष्कर्षतः

मैं कह सकता हूँ छात्र अपरिपक्वता के कारण गलती कर सकता है लेकिन उससे प्रेम करो, स्नेह से उसके लिए काम करो उसका जीवन बदल जायेगा। वही छात्र अनुपम ईश्वरीय प्रेरणादूत बनकर 2015 में मुझको कुलपति बनने के लिए जोर देने लगा। लगातार सक्रिय रहा। पूर्वाञ्चल विश्वविद्यालय में कुलपति के रूप में ज्वाइनिंग कराने साथ में गया। आपका एक छात्र आपके बड़े से बड़े कार्य में प्रेरक होने के साथ मेहनत भी कर सकता है इसका मेरे जीवन में अनुपम मिश्र साक्षात् उदाहरण है।

मेरा एक छात्र योगेन्द्र स्वरूप द्विवेदी

योगेन्द्र स्वरूप द्विवेदी आज एक कम्पनी में बहुत बड़े पद पर है। छात्र जीवन में उसको मेरे स्वास्थ्य की चिन्ता रहती थी मुझसे वो योगासन करवाता था। दिल्ली में जब मैं जाता था उसके घर पर रहता था। एक बार मेरे साथ प्रो० विलास राव तभाने उसके घर मिलने गये, तो वे इतना प्रभावित हुए, बोले राजाराम जी मैंने 50 छात्रों को पीएच०डी० कराया लेकिन इतना उत्तम व्यवहार छात्रों का मैंने नहीं देखा। आप क्या करते हैं! आप कितने भाग्यशाली हैं! आज भी कहता है आप यहाँ मेरे साथ रहिए, स्वास्थ्य बनाइये।

20.

जातिवाद का कटु अनुभव

चित्रकूट विश्वविद्यालय में कार्य करते समय छात्रों की सलाह पर मैंने महोबा विधानसभा से विधायक का चुनाव लड़ने के लिए टिकट माँगा। मुझे जानकर यह आश्चर्य हुआ कि तत्कालीन प्रान्त प्रचारक जी ने स्पष्ट कहा कि महोबा से केवल ब्राह्मण को टिकट मिलेगा भले ही उसकी जमानत क्यों न जब्त हो जाए। अन्त में यही हुआ, छोटेलाल मिश्र की जमानत जब्त हो गई। इसी प्रकार जब 1972 में संघ शिक्षा वर्ग (प्रथम वर्ष) करके आया तो मुझे गटनायक बनाया गया, मुख्य शिक्षक नहीं बनाया गया क्योंकि मैं क्षत्रिय नहीं था। 1973 में संघ अधिकारी के गाँव में दशहरे की छुट्टी में नई शाखा खोलने के लिए भेजा गया, रहने की व्यवस्था उन्हीं के घर थी किन्तु मेरी खाने की थाली नहीं धोयी जाती थी क्योंकि वे क्षत्रिय थे और मैं यादव था। प्रयागराज में रिसर्च करते समय बैठक में तय होने के बाद भी मेरी नगर बौद्धिक प्रमुख की घोषणा इसलिए नहीं की गई क्योंकि घोषणा करने वाले अधिकारी क्षत्रिय थे। यह जहर ही भारतवर्ष की प्रगति में सबसे बड़ी बाधा है। इसी प्रकार चित्रकूट विश्वविद्यालय में जब तक भारतीय जनता पार्टी की सरकार थी तब तक संघ में कोई पद नहीं दिया गया जबकि सब प्रकार का कार्य मैं करता था। जब भाजपा की सरकार गिर गई, कांग्रेस की सरकार आयी तब संकट काल में जिले का बौद्धिक प्रमुख बनाया गया।

भारत एक सोने की चिड़िया (Medical Concept)

भारत को प्राचीन काल से सोने की चिड़िया कहा जाता है। सामान्य जनमानस में इसका अभिप्राय भारत की आर्थिक सम्पन्नता से किया जाता है जो कि गलत है। एकबार प्रयागराज में विश्व आयुर्वेद सम्मेलन था रा0स्व0संघ के महानगर संघचालक डा० सालिग राम गुप्त जी ने मुझे आग्रहपूर्वक मुख्य अतिथि एवं मुख्य वक्ता के रूप में आमंत्रित किया क्योंकि उसी वर्ष मेरे एक रिसर्च पेपर "Gold Nanoparticles in Medical Application" पर Acoustical Society of America (India Chapter) द्वारा मैसूर में Best paper Award दिया गया था। सहारा टी०वी० ने उसका तीन दिन लगातार मेरा इन्टरव्यू प्रसारित किया था। इसीलिए डा० सालिगराम जी ने मुझे अनिवार्यतः बोलने के लिये कहा। मेरे ध्यान में आया कि आयुर्वेद में स्वर्ण (Gold) सबसे महत्वपूर्ण धातु है। स्वर्णभस्म बनता है। साथ ही Modern Physics की रिसर्च में भी स्वर्ण (Gold) को Medical Applications में सबसे महत्त्व धातु भी माना जाता है। ब्रह्माण्ड में चिड़िया (Bird) (नभचर प्राणी) सबसे निरोग होती है यह सामान्य अनुभव है इसीलिए स्वर्ण को आरोग्य से संयुक्त करते हुए (Establishing Co-relations Between Gold Metal and Medical Applications), चूँकि सबसे पहले भारत में यह अनुसंधान हुआ इसलिए सामान्य जन में भारत को सोने की चिड़िया कहा जाता है।

योगक्षेम वहाभ्यहम् (ईश्वर की परीक्षा)

1980 में मैं एक साक्षात्कार के सिलसिले में बैंगलूर गया था। फिर मीनाक्षी देवी के दर्शन हेतु बैंगलूर से मदुरई बस से जा रहा था। बैंगलूर में एक भोजनालय में मैंने खाना खाया। एक रोटी मैंने ज्यादा ले ली। अतिरिक्त रोटी की कीमत बहुत ज्यादा थी इसलिए मेरा बजट गड़बड़ा गया। या तो मैं एक समय का भोजन त्याग दूँ और वापसी का टिकट लूँ। भोजन करने पर

टिकट खरीदने के लिये पैसे नहीं बच रहे थे। बस में मैं यही सब सोच रहा था क्या करूँ? भूख भी जोर की लगी थी। मेरे बगल में गाँव की दक्षिण भारतीय एक महिला यात्रा कर रही थी। मुझे अचानक गीता का श्लोक ध्यान में आया- भगवान कृष्ण ने कहा है कि- योगक्षेम वहाम्यहम् । मैं अपने भक्तों की भूख आदि सबकी चिन्ता करता हूँ। मैंने मन में सोचा कि भगवान के इस वाक्य पर विश्वास करूँगा, अन्यथा नहीं। मैं यह सोच रहा था कि महिला ने तिरुपति बाला जी का देशी घी का बहुत बड़ा लड्डू निकाला और मेरी तरफ इशारा किया खाने को, मैंने भी तुरंत हाँ का सिर हिलाया। वह लड्डू मेरे दो बार के भोजन के लिए पर्याप्त था। मैंने आनंद से खाया। शेष रख लिया। तब से भगवान के वाक्य "योगक्षेम वहाम्यहम्" को मानता चला आ रहा हूँ। हरे कृष्ण।

❁❁❁

21.

गंगा जी की परीक्षा

एक बार प्रयागराज में माघ मेला लगा था (छोटा कुंभ)। मौनी अमावस्या के दिन अपने दो छात्रों के साथ गंगा स्नान करने की योजना बनी। नैनी में श्री अमरनाथ जी के शानदार मकान में हम लोग रात्रि में चले गये। अमरनाथ यादव जी गंगा जी के परम भक्त हैं। प्रातः जगने पर पता चला बहुत तेज बारिश हो रही है। अमरनाथ यादव जी ने कहा कि मूसलाधार बारिश में भी मैं तो जाऊँगा। आपको चलना हो तो चलिए। हम लोग स्नान के लिए कार में चल दिये। रास्ते में मैंने बता दिया कि घाट के किनारे कार पहुँचने पर यदि बारिश बन्द हो गई तो मैं गंगा जी को मानूँगा अन्यथा गंगा जी हमारी परीक्षा फेल हो जाएगी। जैसे ही कार घाट पर पहुँची एकदम बारिश बंद हो गई। हमलोगों ने स्नान किया। उसके बाद जैसे ही गाड़ी में बैठे पुनःबारिश होने लगी। इस प्रकार गंगा जी शत प्रतिशत अंको से अपनी परीक्षा में सफल हो गयी। गंगा मैया की जय।

22.

चल रहे हैं राजाराम

चल रहे हैं राजाराम, दीप लिए अंधियारों में,
सच्चाई की मशाल लिए, खड़े हैं तूफानों में।
ना पद मोह, ना स्वार्थ भाव,
बस सेवा है उनके पाँव,
संघ संस्कार, राष्ट्र विचार
हर साँस बसी नारों में!
चल रहे हैं राजाराम, दीप लिए अंधियारों में.
विज्ञान छूटा, गाँव को जो अपनाया,
ओ० एन० जी० सी० का वैभव छोड़,
जनसेवा को अपनाया।
चित्रकूट की भूमि से फिर,
ज्ञानदीप फैलाया।
गुरुवर बनकर, हर छात्र में
संघ भाव जगाया।
चल रहे हैं राजाराम, दीप लिए अंधियारों में.
जात-पांत से ऊपर उठकर,
पथ दिखाया जीवन को,
यादव कुल का दीप बने वो,
समर्पण का उदाहरण हो।
राजनीति में भी संयम उनका,
वाणी से शांति छलकती,
उनकी दृष्टि, राष्ट्रदृष्टि है
सत्ता में भी साधना चलती!
चल रहे हैं राजाराम, दीप लिए अंधियारों में.
कुलपति बन शिक्षा को फिर

संस्कारों से जोड़ा है,
हर युवा को भारतमाता
से प्रेम सिखाया है।
संघ विचार, विज्ञान शक्ति
दोनों को अपनाया है,
ऐसे युगपुरुष को नमन है,
जिन्होंने रौशनी बाँटी है!
चल रहे हैं राजाराम, दीप लिए अंधियारों में.
जब तक सूरज चाँद रहेगा,
नाम आपका बोलेंगे,
त्याग, तपस्या, राष्ट्रपथ
जन-जन में हम घोलेंगे।
हे गुरुवर, हे कर्मवीर
आपके पथ हम चुनेंगे,
जहाँ आपके चरण पड़े
हम वह धरती चूमेंगे!
चल रहे हैं राजाराम, दीप लिए अंधियारों में...

छात्र अंबिका अखंड प्रताप सिंह एवं कृष्णराम शुक्ला

www.ingramcontent.com/pod-product-compliance
Lightning Source LLC
LaVergne TN
LVHW051135210926
848482LV00006B/321